Schlüsselkompetenzen – wie pädagogische Arbeit gelingt

Liebe Leserinnen, liebe Leser!

Heute wissen wir, dass Kinder von Anfang an kompetent sind und ihre Bildungs- und Entwicklungsprozesse aktiv mitgestalten. Erzieher*innen unterstützen und begleiten sie dabei, sie knüpfen an die Ressourcen der Kinder an und stärken sie in ihren Fähigkeiten. In den letzten Jahren wurde aber auch deutlich, dass die fachlichen Ansprüche an pädagogische Fachkräfte enorm gestiegen sind. Die Kompetenzen, die benötigt werden, um diesen Ansprüchen gerecht zu werden, können nicht allein in der Ausbildung erworben werden. Dies geschieht erst nachhaltig während der praktischen Tätigkeit und setzt eine ständige Auseinandersetzung mit den wichtigen Inhalten und Themen voraus.

Fachliche, personale und soziale Kompetenzen, die erforderlich sind, um eine zeitgemäße Bildung, Erziehung und Betreuung in Kindertageseinrichtungen zu gestalten und deren Qualität zu sichern, bezeichnet man als „Schlüsselkompetenzen". Sie bilden die Basis professionellen frühpädagogischen Handelns und werden im vorliegenden Heft vorgestellt. Neben der ausführlichen Erläuterung der jeweiligen Kompetenz veranschaulichen Fallbeispiele die Umsetzung in die Praxis. Linktipps und Literaturempfehlungen zur Vertiefung ermöglichen es den Leser*innen, sich in der jeweiligen Fähigkeit fort- und weiterzubilden. Dies kann auch im Rahmen der Ausbildung oder der Teamentwicklung geschehen.

Es ist mir ein besonderes Anliegen, die Qualität der pädagogischen Arbeit in Kitas an den individuellen Bedürfnissen und Bedarfen der Kinder auszurichten und sie dabei, soweit es ihren Fähigkeiten entspricht, mit einzubeziehen. Das entsprechende fachliche Wissen, methodische Fähigkeiten und nicht zuletzt die Haltung der pädagogischen Fachkraft drücken sich in den hier beschriebenen Schlüsselkompetenzen aus. Sie zu erwerben und stetig weiterzuentwickeln ist Grundlage und Voraussetzung einer Frühpädagogik, die Kinder wachsen und Erzieher*innen erfolgreich sein lässt.

Michael Pfreundner

Michael Pfreundner ist Dipl.-Sozialpädagoge (FH) sowie Paar- und Familientherapeut (DFS). Er lehrte 25 Jahre an der Fachakademie für Sozialpädagogik in Rottenbuch/Oberbayern und ist als Fortbildner und Supervisor tätig. Er hat langjährige praktische Erfahrung als Leiter u. a. eines integrativen Kindergartens und einer heilpädagogischen Tagesstätte.

Inhaltsverzeichnis

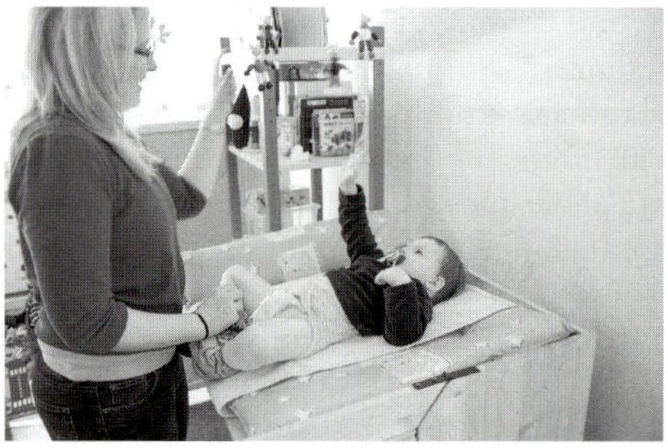

I

Schlüsselkompetenzen – eine Einführung

Der Beruf der Erzieherin bzw. des Erziehers erfordert eine beachtliche Bandbreite an Fähigkeiten. Der Begriff „Schlüsselkompetenzen“ bezieht sich auf die fachlichen, personalen und sozialen Anforderungen an das Berufsbild und umfasst somit die Professionalität des beruflichen Handelns pädagogischer Fachkräfte.

1. Die Persönlichkeit pädagogischer Fachkräfte

Das pädagogische Handeln einer Fachkraft ist stark geprägt von ihrer Persönlichkeit. Ihr Erfolg bemisst sich daran, inwieweit es ihr gelingt, situationsangemessen zu interagieren, dabei das Verhalten der Kinder sowie ihr eigenes sensibel wahrzunehmen und zu reflektieren, den Tag mit den Kindern sinnvoll und kindgerecht zu organisieren sowie Lernprozesse anzuregen und zu unterstützen. Die Fähigkeit, im Team gut zusammenzuarbeiten und sich darüber hinaus wirkungsvoll zu vernetzen, ist ein weiterer Aspekt erfolgreichen Handelns. Die Zusammenarbeit mit ganz unterschiedlichen Eltern gelingt ihr durch eine offene, tolerante und zugleich einfühlsame persönliche Haltung. Ebenso wird von ihr Offenheit für neue Entwicklungen gefordert, die sie möglichst kreativ mitgestaltet. Eine erfolgreich handelnde Fachkraft ist sich auch ihrer Biografie und der damit verbundenen Einflüsse sowie ihrer persönlichen Eigenschaften bewusst. Sie ist belastbar und resilient und kann mit unterschiedlichen Situationen, die täglich auf sie zukommen, professionell und souverän umgehen. Dies alles erfordert – neben umfangreichem Fachwissen – personale Kompetenzen, die nicht allein durch die Ausbildung erworben werden können.

Aber wie lässt sich der Begriff „Persönlichkeit" überhaupt definieren? Lawrence Pervin, Professor für Psychologie und Persönlichkeitsforscher, schlägt folgende Definition vor: „Persönlichkeit repräsentiert solche Eigenschaften einer Person oder der Menschen generell, die ein beständiges Verhaltensmuster ausmachen" (Pervin 1987, S. 15). Neben der Beständigkeit bestimmter Eigenschaften und Verhaltensweisen spielt die Wechselwirkung zwischen Person und Umwelt eine wichtige Rolle für die Ausbildung unserer Persönlichkeit. Im Laufe unseres Lebens verändert und entwickelt sie sich durch bestimmte Einflüsse und Lebenssituationen. Je reflektierter wir uns mit uns selbst beschäftigen, desto mehr sind wir in der Lage, Einfluss auf unsere Persönlichkeit zu nehmen.

BEFRAGUNG: PERSÖNLICHKEITSMERKMALE PÄDAGOGISCHER FACHKRÄFTE

Sandra Tänzer von der Universität Erfurt und Regina Remsperger-Kehm von der Hochschule Ludwigshafen baten Teilnehmer*innen ihrer Veranstaltungen, personenbezogene Kompetenzen für pädagogische Fachkräfte zu nennen, die sie als wesentlich für deren qualitätvolle pädagogische Arbeit erachten (vgl. Remsperger-Kehm 2016, S. 6–10):

Beziehungsorientierung
Den größten Stellenwert nimmt die Fähigkeit, beziehungsorientiert zu arbeiten, ein. Das bedeutet, Kindern und Eltern gegenüber in hohem Maße empathisch und zugewandt zu sein, Lust an Sprache und (nonverbaler) Kommunikation zu haben, zuhören zu können, die Geschichten der Kinder zu lieben und ihnen mit emotionaler Kompetenz zu begegnen.

Fachwissen
Als gleichermaßen bedeutsam wird das Fachwissen pädagogischer Fachkräfte beurteilt. Hierzu zählen die Integration neuester wissenschaftlicher Erkenntnisse in die pädagogische Arbeit, eine hohe methodische Kompetenz sowie Organisationsfähigkeit.

Interesse am Kind
Das pädagogische Handeln soll geleitet sein von einem hohen Interesse am einzelnen Kind. Das bedeutet sowohl die Anteilnahme an bedeutsamen Situationen und individuellen Interessen der Kinder als auch die Ermöglichung von Partizipation. Ebenso gehören dazu die Fähigkeit, das Verhalten der Kinder zu verstehen, die Neugier, mit ihnen forschen zu wollen, und die Bereitschaft, fachliches Wissen und methodische Fähigkeiten dahingehend stetig weiterzuentwickeln.

Pädagogische Haltung
Pädagogische Fachkräfte nehmen eine Haltung ein, die geprägt ist von Offenheit, Authentizität, Optimismus, Wertschätzung und Vorurteilsbewusstsein. Dazu gehört, selbst interessiert zu sein, sich zu engagieren, sich mitzuteilen und ggf. standzuhalten. Sie gehen flexibel auf Probleme ein und wirken an Lerngemeinschaften mit. Ebenso haben sie ein Bewusstsein für Kinderrechte und reflektieren das eigene Handeln kontinuierlich.

Ganzheitlichkeit und Flexibilität
Fachkräfte sollen auch das jeweilige Umfeld der Kinder berücksichtigen sowie ihren Blick gleichzeitig auf die Individualität des einzelnen Kindes und die Gruppe richten. Um im Alltagsgeschehen handlungsfähig zu bleiben, müssen Fachkräfte zudem ein hohes Maß an Flexibilität und Fantasie aufweisen, sich zurücknehmen, gelassen sein und Lernräume öffnen. Hierzu braucht es Geduld, gute Nerven, Mut zur Lücke, Neugier auf das Leben und auch Weltwissen.

Erzieher*innenpersönlichkeit

An die Ausbildung zum/zur staatlich anerkannten Erzieher*in werden bestimmte persönliche Voraussetzungen geknüpft. Demnach sollte eine angehende pädagogische Fachkraft „bereits zu Beginn ihrer Ausbildung grundlegende personale Fähigkeiten in folgenden Bereichen mitbringen:

- Zuverlässigkeit in der Übernahme von Aufgaben und in der Einhaltung von Absprachen,
- Belastbarkeit im Umgang mit Gruppen und mit schwierigen Kindern und Jugendlichen sowie in schwierigen Situationen,
- Selbstständigkeit und Engagement in der Wahrnehmung der Aufgaben" (Arbeitsgemeinschaft der bayerischen Fachakademien für Sozialpädagogik 2018).

Eigenschaften wie Zuverlässigkeit, Belastbarkeit, Selbstständigkeit und Engagement bringen interessierte Menschen für diesen Beruf also schon mit. Zusammen mit Neugier und Aufgeschlossenheit, Empathie und Reflexionsfähigkeit bilden sie eine solide Basis für die weitere fachliche und persönliche berufliche Entwicklung.

Professionalisierung und Persönlichkeit

Professionalisierung ist ein Prozess, der mit der Ausbildung beginnt und ein ganzes Berufsleben lang anhält. Iris Nentwig-Gesemann, Professorin für Bildung im Kindesalter an der ASH Berlin, beschreibt Professionalisierungsprozesse als „auf Erfahrung und Handeln beruhende lebenslange Lern- und Bildungsprozesse" (Nentwig-Gesemann et al. 2012, S. 18). Dabei gestalten und begleiten „Pädagoginnen und Pädagogen (...) nicht nur die Bildungsprozesse der Kinder, sondern in der Interaktion mit ihnen können sie sich selbst entwickeln, verändern und bilden" (ebd.). In der Frühpädagogik hat sich die Erkenntnis etabliert, Kinder als aktive und kompetente Lernende zu sehen. Dieses Bild vom Kind bestimmt das Handeln der pädagogischen Fachkraft und macht darüber hinaus eine reflektierende Grundhaltung notwendig. Die (professionalisierte) Persönlichkeit von Erzieher*innen ist demnach geprägt von

- einer ressourcenorientierten Perspektive gegenüber Kindern, Eltern und Kolleg*innen, einschließlich sich selbst
- der Bereitschaft und Fähigkeit zur Reflexion der eigenen Biografie und des eigenen Lernens
- der Offenheit für und Wertschätzung von Diversität
- dem aufmerksamen Wahrnehmen und Beobachten, Verstehen und Erklären
- der Entwicklung von Empathie, Feinfühligkeit und sensitiver Responsivität (vgl. ebd.)
- weniger instruktionsorientierter Kommunikation, mehr dialogischer Bildungsbegleitung
- Vernetzung und dem Erkennen systemischer Zusammenhänge

REFLEXIONSFRAGEN

- Wie sieht mein „Bild vom Kind" aus?
- Wovon ist dieses Bild hauptsächlich geprägt?
- Welche Entsprechungen oder Gegensätze finde ich dazu in meiner persönlichen Bildungsbiografie?
- Wie gestalte ich die Interaktion mit Kindern und verändert sich dadurch auch etwas bei mir?
- Wie ist mein Verhältnis zu den Eltern der Kinder? Gibt es deutliche Unterschiede in der Bereitschaft zur Zusammenarbeit?
- Welche Ressourcen ermöglichen es mir, auch in Konfliktsituationen einen respektvollen Umgang mit Eltern zu pflegen?

Biografie einer Fachkraft

■ **Praxisbeispiel:** Ihre erste Stelle als Gruppenleitung in einem Regelkindergarten trat Michaela A. nach erfolgreichem Abschluss ihrer Erzieherinnen-Ausbildung 1984 an. Damals war sie gerade 21 Jahre alt. Der Schwerpunkt der pädagogischen Arbeit bestand darin, einen strukturierten Tagesablauf zu organisieren, täglich ein gezieltes Angebot bereitzustellen und fürsorglich die vermuteten Bedürfnisse der Kinder zu erfüllen. Um eine festgelegte Zeit wurde gegessen und den Kindern eine bestimmte Mahlzeit vorgesetzt, von der alle zumindest probieren mussten. Das Freispiel hatte eher untergeordneten Stellenwert und die Kommunikation mit den Kindern war hauptsächlich instruktionsorientiert. Themen wie lernmethodische Kompetenz, Resilienz, Partizipation oder Inklusion waren Kitas mit reformpädagogischen Konzepten wie z.B. der Montessori-Pädagogik vorbehalten. Mit Freude, Engagement und Kreativität erfüllte Frau A. viele Jahre ihre Aufgaben und wurde immer routinierter darin. Mit Beginn der 1990er-Jahre wurden in den Kitas zunehmend Ansätze diskutiert und erprobt, die den Blick vorwiegend auf die Stärken und Ressourcen der Kinder richteten. Erfahrungen, die Kinder im freien Spiel machten, rückten stärker in den Fokus und die Erzieher*innen waren gefordert, ihre Haltung und Rolle neu zu überdenken. Michaela A. hatte sich die Basiskompetenz bewahrt, aufgeschlossen und neugierig an Neues heranzugehen. Durch Weiterbildungen, Gespräche mit Kolleg*innen und einschlägige Literatur fand sie mehr und mehr Zugang zum Bild vom kompetenten Kind. Da-

> Das pädagogische Handeln einer Fachkraft ist stark geprägt von ihrer Persönlichkeit.

durch veränderte sich auch die Gestaltung des pädagogischen Alltags. Selbstbestimmtes Lernen rückte in den Vordergrund und Frau A. nahm dabei eine beobachtende und moderierende Haltung ein. Dialoge mit den Kindern gewannen an Bedeutung und die Inhalte pädagogischer Angebote wurden hauptsächlich durch die Interessen und Bedürfnisse der Kinder bestimmt. Als dann zur Jahrtausendwende die ersten Bildungspläne der Bundesländer erschienen, war Michaela A. – mittlerweile in der Funktion der Leitung – bestens vorbereitet, das Team der Kita auf dem Weg zu einer entsprechenden konzeptionellen Umsetzung zu begleiten und maßgeblich zu unterstützen. ■

Konsequenzen für die Ausbildung

Mit der Ausbildung erwerben Erzieher*innen erforderliche Fachkompetenzen. Zusammen mit den reflektierten Erfahrungen aus dem fachpraktischen Teil der Ausbildung verweben sich diese mehr und mehr zur professionellen Erzieher*innenpersönlichkeit. Entscheidend ist dabei das Zusammenspiel von fachlichen und personalen Kompetenzen: „Da Haltungen, Orientierungen und Einstellungen in professionellen Kontexten – oft sehr unreflektiert (und damit unprofessionell) – ihre handlungsleitende Wirkung entfalten, ist es unabdingbar, den Kernkompetenzen Selbstreflexivität, biografische Kompetenz und forschende Haltung im Rahmen von Aus- und Weiterbildung besondere Aufmerksamkeit zu widmen“ (Nentwig-Gesemann et al. 2012, S. 17). Wesentlich ist, dass es „immer auch um eine – biografische, selbstreflexive – Arbeit an der eigenen Identität und damit um Selbstbildung und Persönlichkeitsentwicklung“ geht (ebd.).

In dem u.a. durch die KMK 2013 verabschiedeten Qualifikationsprofil DQR wurde dieser Ansatz aufgegriffen. Seit 2015 erfolgt die Ausbildung zum/zur staatlich anerkannten Erzieher*in kompetenzorientiert. Als personale Kompetenzen nennen die Lehrpläne z.B. „konstruktiv im Team arbeiten, das Team weiterentwickeln“ oder „pädagogische Beziehungen gestalten“. Letzteres spiegelt sich bereits in der Interaktion zwischen Dozent*innen und Studierenden wider. Diese sollte so gestaltet sein, wie sie auch in der pädagogischen Arbeit von den Fachkräften gegenüber den Kindern gefordert wird: eine wertschätzende Beziehung, die empathisch auf die Bedürfnisse des Gegenübers eingeht, dieses in seinen Stärken fördert und dabei eine angemessene Balance zwischen Nähe und Distanz wahrt.

Verwendete Literatur

Arbeitsgemeinschaft der bayerischen Fachakademien für Sozialpädagogik (2018): Schlüsselkompetenzen der Erzieherin. www.faks-augsburg.de/wp-content/uploads/2018/03/Schlüsselkompetenzen.pdf

Nentwig-Gesemann, I./Fröhlich-Gildhoff, K./Harms, H./Richter, S. (2012): Professionelle Haltung – Identität der Fachkraft für die Arbeit mit Kindern in den ersten drei Lebensjahren. Eine Expertise der Weiterbildungsinitiative Frühpädagogische Fachkräfte (WiFF). München: DJI.

Pervin, L. A. (1987): Persönlichkeitstheorien. 2. Aufl., München: Ernst Reinhardt.

Remsperger-Kehm, R. (2016): Das Bild pädagogischer Fachkräfte. In: Betrifft Kinder, 4/2016, S. 6–10.

Literatur zur Vertiefung

Günster-Schöning, U. (2018): Ich bin Erzieher*in! Superkräfte versus berufliche Realität. Göttingen: Vandenhoeck & Ruprecht.

Knauf, H. (2009): „Ich will Erzieher/in werden.“ Warum brandenburgische Fachschülerinnen und -schüler sich für den Beruf der/des Erziehers/in entscheiden. In: Kita aktuell, 3/2009, S. 52–54.

Wedewardt, L. (2020): Warum werde ich ErzieherIn und was der Berufswunsch mit mir selbst zu tun hat. www.beduerfnisorientierte-kinderbetreuung.de/warum-werde-ich-erzieherin-was-der-berufswunsch-mit-mir-selbst-zu-tun-hat

2. Schlüsselkompetenzen pädagogischer Fachkräfte

Der Beruf der Erzieherin bzw. des Erziehers erfordert eine beachtliche Bandbreite an Fähigkeiten, ohne die professionelle Arbeit heute nicht mehr denkbar ist. Wie bereits erläutert, werden grundlegende Kompetenzen in der Ausbildung erworben und im beruflichen Alltag ständig weiterentwickelt und vertieft. Mit den Jahren kommt wertvolles Erfahrungswissen hinzu. Werden diese Erfahrungen evaluiert, so gewinnen sie an Bedeutung und können systematisch für die Praxis genutzt werden (vgl. Beywl/Bestvater 1998). Auf diese Weise entsteht ein reichhaltiger Fundus an Kompetenzen, der die Professionalität von Fachkräften im frühpädagogischen Bereich ausmacht.

> Den größten Stellenwert hat die Fähigkeit, beziehungsorientiert zu arbeiten.

Die OECD (Organisation für wirtschaftliche Zusammenarbeit und Entwicklung) definiert in ihrer Studie zur nachhaltigen Bildung den Kompetenzbegriff als „die Fähigkeit, komplexe Anforderungen in einem bestimmten Kontext erfolgreich zu erfüllen“. Gemeint sind damit nicht nur kognitive Fähigkeiten, sondern ebenso „ethische, soziale, emotionale, motivationale und verhaltensbezogene Komponenten“ (Rychen 2008, S. 16). Die Fachschulen bzw. Fachakademien für Sozialpädagogik haben die Kompetenzorientierung in ihren Lehrplänen verankert. Unterschieden werden sechs Handlungsfelder, auf die sich die Lehrinhalte der einzelnen Fächer beziehen (vgl. KMK 2017, S. 2). „Kompetenz“ wird hier als umfassende Handlungs- und

Die Bildungs- und Lernprozesse der Kinder achtsam begleiten

Fachkompetenz verstanden und beinhaltet folgende Dimensionen:

- Wissen und Fertigkeiten
- Personale Kompetenz
- Sozialkompetenz
- Selbstständigkeit

Methodenkompetenz ist integraler Bestandteil dieser Dimensionen (vgl. Bayerisches Staatsministerium für Bildung und Kultus, Wissenschaft und Kunst 2017).

Wenn in diesem Heft von „Schlüsselkompetenzen" die Rede ist, beziehen sich diese auf die personalen, sozialen und fachlichen Anforderungen an das Berufsbild von Erzieher*innen und umfassen die Professionalität in ihrem beruflichen Handeln. Ein Beispiel: Um Empathie für die Bedürfnisse von Kindern zu entwickeln, benötigen Fachkräfte auf der persönlichen Ebene die Fähigkeit, sich in die Befindlichkeit von anderen Menschen hineinzuversetzen. Auf der fachlichen Ebene brauchen sie u.a. Kenntnisse über die Entwicklungsphasen von Kindern, um diese richtig zu verstehen, und auf der sozialen Ebene die Fähigkeit, diese dann auch umzusetzen und zu kommunizieren. Erfahrung erweitert und vertieft die Kompetenz, Selbstreflexion verhindert die unüberlegte Übertragung gedanklicher Muster und eigener Gefühle.

Natürlich sind solche Schlüsselkompetenzen nicht nur auf das Berufsfeld der pädagogischen Fachkraft beschränkt. Vielmehr handelt es sich um Fähigkeiten, die berufsübergreifend und – über das Berufliche hinaus – auch in anderen Lebenslagen hilfreich sind. Gleichzeitig sind sie schwer messbar. Ein Teil von ihnen wird unter dem Begriff „Soft Skills" gefasst und zeigt sich vor allem im täglichen Miteinander, z.B.:

- Wie verhalte ich mich in Konfliktsituationen?
- Wie erarbeite ich mir neue Arbeitsinhalte?
- Wie reagiere ich auf Veränderungen?

Die Ausbildung und Weiterentwicklung von Schlüsselkompetenzen trägt damit entscheidend zur ganzheitlichen Persönlichkeitsentwicklung bei. Ihr Erwerb ist gerade vor dem Hintergrund einer sich immer schneller verändernden Welt von Bedeutung. Diese erfordert eine ständige Anpassung des Menschen an die neuen Bedingungen. Genau da setzen Schlüsselkompetenzen an, denn sie sind Voraussetzung für lebenslanges Lernen.

Schlüsselkompetenzen in der Praxis

Engagierte Erzieher*innen bringen eine hohe Motivation und vielfältige Kompetenzen mit und erleben in ihrer täglichen Arbeit mit Kindern und Eltern sowie in der Zusammenarbeit im Team immer wieder Anlässe, Letztere weiterzuentwickeln.

■ **Praxisbeispiel:** Karla M. hat ihre Ausbildung zur Erzieherin abgeschlossen und vor Kurzem ihre erste Stelle als Gruppenleitung in der Kita „St. Magnus" angetreten. In ihrer Abschlussarbeit hat sie sich intensiv mit Kommunikation und Gesprächsführung mit Kita-Eltern auseinandergesetzt. Theoretisch kann man sie als Expertin bezeichnen. Doch vor den ersten Entwicklungsgesprächen, die sie nun

DEFINITION SCHLÜSSELKOMPETENZEN

Schlüsselkompetenzen sind Kenntnisse und Fertigkeiten, die Türen zu anderen Bereichen öffnen. Sie beinhalten eine bestimmte persönliche Grundhaltung und erweitern sich prozesshaft durch Erlangung von Fachwissen, Erfahrungswissen und Selbsterkenntnis. Schlüsselkompetenzen verdeutlichen damit die Professionalität im beruflichen Handeln von Erzieher*innen (vgl. Arbeitsgemeinschaft der bayerischen Fachakademien für Sozialpädagogik 2018, S. 1). Sie sind nicht zu verwechseln mit Schlüsselqualifikationen. Diese bezeichnen nicht Fachwissen, sondern den Umgang damit, also die Fähigkeit zu Adaption und Transfer individueller Fachkompetenzen.

selbstständig mit Eltern führt, spürt sie große Unsicherheit. Deshalb bittet sie die Leitung der Kita um Unterstützung. Diese erklärt sich gerne bereit, die neue Mitarbeiterin zu coachen. Sie geht mit Karla M. die Vorbereitung auf das Gespräch durch und begleitet sie auch während des Entwicklungsgesprächs. Dabei hält sie sich beobachtend im Hintergrund und führt das Protokoll. In der gemeinsamen Evaluation des Verlaufs bekommt Karla M. Feedback, reflektiert ihre eigene Vorgehensweise und erhält einige Anregungen von ihrer Leitung. Sie ist auf einem guten Weg, ihr umfassendes Fachwissen zu einer Schlüsselkompetenz weiterzuentwickeln. ■

ÜBUNG: DIE EIGENE BILDUNGSBIOGRAFIE

Notieren Sie wesentliche Schritte des eigenen Bildungsverlaufes. Sie können sich dabei auch chronologisch orientieren: vom eigenen Kita-Besuch bis zum letzten Ausbildungsabschnitt bevor Sie in das Berufsleben eingestiegen sind. Welche Personen waren in Ihrer persönlichen Bildungsbiografie besonders bedeutsam? Auf welche Weise? Notieren Sie neben den Daten und Personen auch Ihre Gefühle dazu.
Was glauben Sie: Welchen Einfluss haben diese Erfahrungen aus Ihrer persönlichen Bildungsbiografie auf Ihren heutigen Stil in der Begleitung kindlicher Bildungsprozesse?
Tauschen Sie sich – wenn möglich – mit ein oder zwei Kolleg*innen in einer Kleingruppe darüber aus.

Verwendete Literatur

Arbeitsgemeinschaft der bayerischen Fachakademien für Sozialpädagogik (2018): Schlüsselkompetenzen der Erzieherin. www.faks-augsburg.de/wp-content/uploads/2018/03/Schlüssel kompetenzen.pdf

Bayerisches Staatsministerium für Bildung und Kultus, Wissenschaft und Kunst (2017): Lehrplan für die Fachakademie für Sozialpädagogik auf Grundlage des länderübergreifenden Lehrplans, landesspezifisch angepasst. www.isb.bayern.de/download/19763/faks_endgueltiger_lehrplan_2017.pdf

Beywl, W./Bestvater, H. (1998): Selbst-Evaluation in pädagogischen und sozialen Arbeitsfeldern. Ergänzung und Alternative zur Fremdevaluation. In: Bundesvereinigung kulturelle Jugendbildung (Hrsg.): Qualitätssicherung durch Evaluation. Remscheid: o. A., S. 33–44.

KMK – Kultusministerkonferenz (2017): Kompetenzorientiertes Qualifikationsprofil für die Ausbildung von Erzieherinnen und Erziehern an Fachschulen und Fachakademien (Beschluss der KMK vom 1.12.2011 i. d. F. vom 24.11. 2017). Berlin, Bonn: Ständige Konferenz der Kultusminister der Länder in der Bundesrepublik Deutschland.

Rychen, D. S. (2008): OECD Referenzrahmen für Schlüsselkompetenzen – ein Überblick. In: Bormann, I./de Haan, G. (Hrsg.): Kompetenzen der Bildung für nachhaltige Entwicklung, Operationalisierung, Messung, Rahmenbedingungen, Befunde. Wiesbaden: Springer VS, S. 15–22.

Literatur zur Vertiefung

Dana S. (2021): Kompetenzen eines Erziehers/einer Erzieherin: Das sollten Sie für den Beruf mitbringen. www.kita.de/wissen/kompetenzen-erzieher/

Drinkmann, A./Schiebel, A. (2013): Soziale Kompetenzen für soziale Berufe: Übungsszenarios und Materialien – Materialband. Heidelberg: GK Quest Akademie.

Stamer-Brand, P. (2019): Sich mit der eigenen Geschichte auseinandersetzen. www.kita-fuchs.de/ratgeber-paedagogik/

3. Nutzen dieses Heftes

Orientierung für Fachkräfte

Pädagogische Fachkräfte in Kitas finden ihre Stärken wieder und erfahren, wie sie diese gewinnbringend einsetzen können. Ebenso bekommen sie einen Blick dafür, welche Kompetenzen weiterentwickelt werden können und was dabei helfen kann, diesen Prozess zu gestalten.

Unterstützung der Kita-Leitungen

Vorhandene Ressourcen im Team können besser erkannt und effektiv für die Ziele der Einrichtung genutzt werden. Der Fortbildungsbedarf kann von der Leitung gezielt gesteuert und Mitarbeiter*innen können in bestimmten Bereichen gefördert werden.

Ausbildung

Die Entwicklung von berufsbezogenen Kompetenzen steht im Mittelpunkt der Ausbildung zum/zur staatlich anerkannten Erzieher*in. Die im Heft beschriebenen Schlüsselkompetenzen, die in Wechselwirkung von Theorie, Praxis und Reflexion erworben und weiterentwickelt werden können, geben Studierenden einen Überblick, leiten sie aber auch konkret zur Aneignung dieser Kompetenzen an: durch Praxisbeispiele, Reflexionsfragen, Übungen und Literaturhinweise zur Vertiefung.

Personal- und Qualitätsentwicklung

Jede Kindertageseinrichtung hat ihr eigenes Profil entwickelt; dieses ist in der pädagogischen Konzeption verankert. Die Übersicht über die wichtigsten Schlüsselkompetenzen unterstützt Träger und Leitungen dabei, auf bestimmte Kompetenzen bei der Einstellung zu achten, die der pädagogischen Qualität der Einrichtung am besten gerecht werden. Darüber hinaus lassen sich gezielt Fort- und Weiterbildungsmaßnahmen planen, die der Verbesserung der Qualität dienen. Dazu findet sich am Ende des Heftes ein Einschätzungsbogen, in welchen Bereichen sich Fortbildungsmaßnahmen für einzelne Mitarbeiter*innen oder Teams anbieten.

II

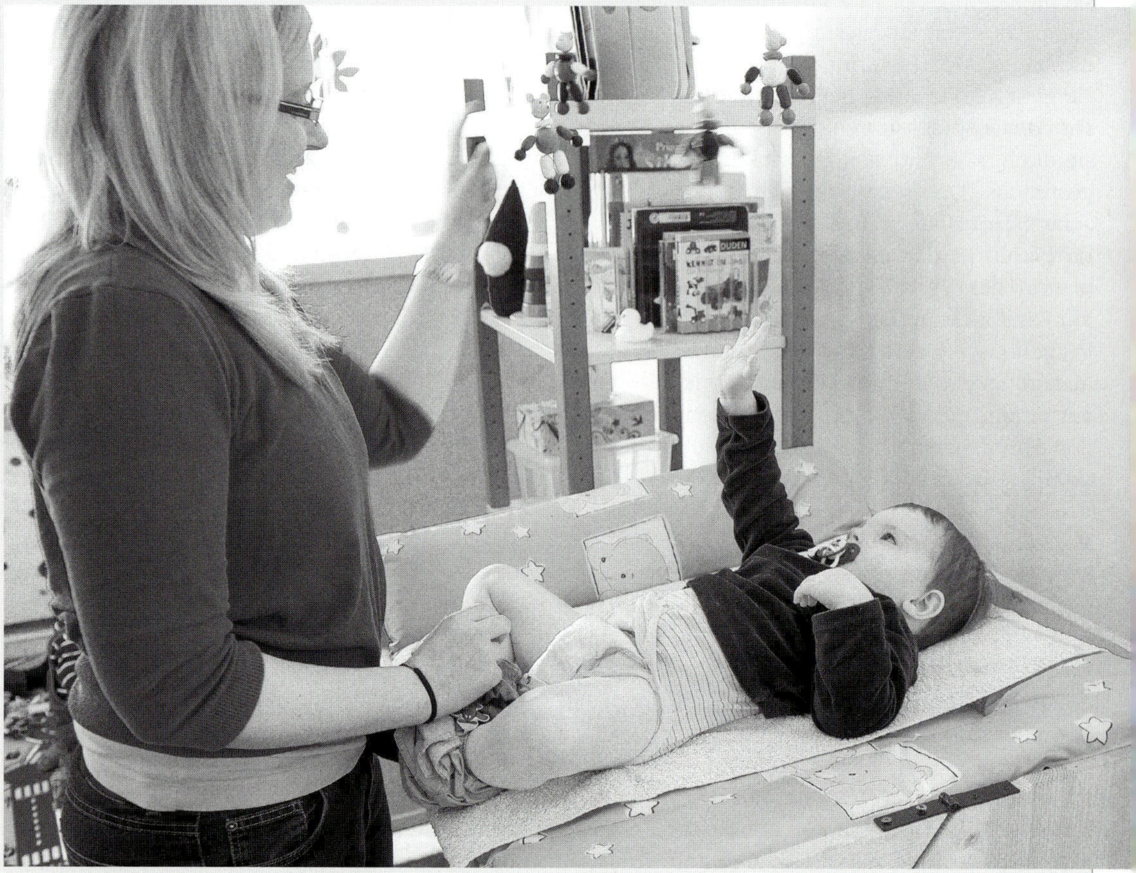

Qualität im pädagogischen Alltag

Sensitive Responsivität, also ein feinfühliges Antwortverhalten, dialogisches Handeln, die Bereitschaft zu Partizipation sowie eine inklusive Haltung sind wesentliche Bausteine erzieherischer Professionalität und damit pädagogischer Qualität. Die damit verbundenen Fähigkeiten zählen zu den wichtigsten Schlüsselkompetenzen von Fachkräften in Kitas.

1. Responsivität

Der Responsivität kommt als herausragendem Faktor für eine stabile Kind-Fachkraft-Beziehung und als Garant für bestmögliche Bildungsvoraussetzungen größte Bedeutung zu. Der Begriff lässt sich auf das lateinische Wort „respondere“ (= antworten) zurückführen. Im pädagogischen Kontext wird Responsivität als „Antwortverhalten“ verstanden, die allgemeine Bedeutung ist „sich auf jemanden abstimmen“. Damit dies gelingt, sind die Fähigkeit zur Empathie und Feinfühligkeit grundlegende Voraussetzungen. In der Frühpädagogik ist auch häufig von „sensitiver Responsivität“ die Rede; darunter wird ein feinfühliges Antwortverhalten verstanden.

Im Kontext der Bindungstheorie wird Responsivität oft gleichgesetzt mit Feinfühligkeit, was aber nur teilweise zutrifft. Feinfühligkeit meint zunächst das Wahrnehmen kindlicher Signale und Befindlichkeiten. Responsivität beinhaltet jedoch zusätzlich die Qualität der Reaktion der Bezugspersonen. Regina Remsperger, die intensiv zu diesem Thema geforscht hat, verwendet den Begriff „sensitive Responsivität“ vor allem in Bezug auf die feinfühlige Interaktion von Erzieher*innen mit Kindern. Danach umfasst der Begriff die Fähigkeit der pädagogischen Fachkraft, kindliche Signale zu bemerken und angemessen darauf zu reagieren (vgl. Remsperger 2011, S. 275). Unter responsivem Verhalten wird verstanden, dass eine Bezugsperson

1. die Signale von Kindern wahrnimmt,
2. diese angemessen interpretiert sowie
3. sie prompt und feinfühlig beantwortet.

Umsetzung in die Praxis

Findet bei der einen pädagogischen Fachkraft viel Kommunikation über Körperkontakt statt, kann dies bei der anderen über den Einsatz der Stimme (z.B. durch Singen oder Auf- und Abtönen der Stimme) geschehen. Wieder eine andere Fachkraft imitiert die Laute und Ausdrucksweise der Kinder und erweitert diese durch geeignete Begrifflichkeiten. So gibt es ganz verschiedene Formen der Dialogführung. Der Fachkraft sollte die eigene Form bewusst sein und sie sollte in der Lage sein, diese zu reflektieren und zu erweitern. Ein wichtiger Faktor ist das persönliche Engagement der Fachkräfte während der Interaktion mit den Kindern. Hinzu kommen die Fähigkeit zur Empathie sowie zum gruppenbezogenen Verhalten. So gelingt es Fachkräften, im feinfühligen Dialog auf Interessen und Äußerungen einzelner Kinder zu reagieren und gleichzeitig das Gruppengeschehen mit einzubinden (vgl. Ahnert 2004, S. 256ff.). Sichere Fachkraft-Kind-Bindungen können also entstehen, wenn die Atmosphäre durch ein empathisches Erzieher*innenverhalten bestimmt wird, das gruppenbezogen ausgerichtet ist und die Dynamik in der Gruppensituation reguliert. Wie dies in der Praxis aussehen kann, zeigt das folgende Beispiel aus einer Kita.

■ **Praxisbeispiel:** Jan arbeitet als Erzieher in der Regenbogengruppe einer teiloffenen Kita. In dieser Woche ist er in der Lernwerkstatt eingeteilt. Voller Stolz präsentieren ihm dort zwei Kinder Puzzleteile, die sie zu runden Formen zusammenfügen. Die Freude am Erfolg der Kinder zeigt der Pädagoge durch Gesten des Erstaunens sowie durch Lob und Bestärkung. Gleichzeitig fragt er nach, welche runden Formen sie noch kennen, und erweitert das Wissen der Kinder durch weitere gezielte Fragen und Informationen. Mittlerweile sind die anderen Kinder, die sich gerade in der Lernwerkstatt beschäftigen, hinzugekommen. Auch sie bringen ihre Kenntnisse ein. Engagiert erhält Jan den Dialog aufrecht und macht schließlich den Vorschlag, sich doch mal in der Einrichtung umzusehen, auf Forschungsreise zu gehen und nach runden Gegenständen zu suchen. Begeistert stimmen die Kinder zu und sammeln runde Gegenstände oder fotografieren diese. Als ein Mädchen einen Teller bringt und die Frage stellt, warum denn Teller eigentlich rund sind, entsteht erst mal nachdenkliche Stille. Dann philosophieren die Kinder darüber: „Weil man die Suppe besser rauslöffeln kann …“, „Weil die Pizza rund ist und dann besser draufpasst …“, „Damit die Teller in die Spülmaschine passen …“. Jan weist darauf hin, dass Teller auch vor hundert Jahren schon rund waren, und da gab es weder Spülmaschinen noch Fertigpizzen. Schließlich führt er die Kindergruppe in die Werkstatt. Dort entdecken sie, dass die Töpferscheibe auch rund ist und durch das Drehen der Scheibe das runde Gefäß bzw. die Form von Tellern entsteht. ■

> Grundvoraussetzungen für Responsivität sind Empathie und Feinfühligkeit.

Was bewirkt Responsivität?

Verschiedene Untersuchungen zeigen, dass die sensitive Responsivität pädagogischer Fachkräfte nicht nur die Beziehungen zu Kindern, sondern auch deren Lernprozesse beeinflusst. Hier ist vor allem die Videostudie von Regina Remsperger zu erwähnen, die das Interaktionsverhalten von pädagogischen Fachkräften im Fokus hat (vgl. Remsperger 2011). Dabei wurde deutlich, dass das aufmerksame und engagierte pädagogische Verhalten von Fachkräften die Kontinuität, das Interesse und die emotionale Beteiligung des kindlichen Interaktionsverhaltens stark unterstützt. Ein sensitiv-responsives und stimulierendes Verhalten der Fachkräfte begünstigt zudem das Äußern kindlicher Emotionen. Ebenso zeigte sich, dass sich Kinder dadurch anregen lassen, ihre Gedanken und Handlungen zu erweitern. Erhalten Kinder also von den Fachkräften genügend Raum, um sich mitzuteilen, bleiben sie im Interaktionsverlauf engagierter am Thema und entwickeln ihre Gedanken, Äußerungen und Handlungen dazu weiter.

„Einige Forschungsstudien weisen nach, dass sichere, von dieser Art der Kommunikation geprägte Erzieher*innen-Kind-Bindungen längerfristige positive Auswirkungen auf die Sozialentwicklung von Mädchen und Jungen haben. Kinder, die sichere Bindungserfahrungen im Kindergarten machen konnten, zeichneten sich vor dem Schuleintritt nicht nur durch ihre hohe Lernmotivation aus. Sie hatten zudem eine positive Erwartungshaltung hinsichtlich der neuen Beziehungen zu Lehrkräften in der Schule. Die Kinder waren empathischer, kooperativer, unabhängiger und zielorientierter als ihre Altersgenossen mit unsicheren Bindungsmustern“ (Remsperger 2013, S. 3f.)

Naheliegend ist, dass sensitive Responsivität der Fachkräfte vor allem dann möglich ist, wenn die entsprechenden personellen Rahmenbedingungen gegeben sind. Gepaart mit fachlicher Kompetenz wird dadurch ein Mehr an pädagogischer Qualität entscheidend geprägt. „Dass Erzieher*innen manchmal erschöpft und angestrengt sind, kann man verstehen. Lärm, ständige Unterbrechungen und das Zuständigsein für zu viele Kinder in der Gruppe wirken sich auch in Form von Müdigkeit und eines daraus resultierenden unangemessenen Antwortverhaltens der Fachkräfte aus“ (ebd., S. 29).

Professionelle Responsivität

Menschen sind als soziale Wesen grundlegend in Beziehungen eingebunden. Mit der Geburt beginnt auch das Streben nach Beziehungsaufbau. Zwischen der Eltern-Kind-Beziehung und der Fachkraft-Kind-Beziehung besteht keine Hierarchie – für das Kind haben diese Personen einfach eine unterschiedliche Bedeutung (vgl. Erndt-Doll/Winner 2009, S. 34). Professionelle Beziehungsqualität ist entscheidend geprägt von einer reflektierten feinfühligen Responsivität, die von der Fachkraft ausgeht und zu ihren fachlichen Basiskompetenzen gehört.

Responsivität bezieht sich in ihrer ursprünglichen Bedeutung jedoch nicht nur auf den Dialog mit Kindern, sondern „kann sich auf Personen in jedem Lebensalter, aber auch auf Gruppen, Systeme und Organisationen beziehen“ (Gutknecht 2012, S. 12). Entsprechend erweitert Dorothee Guknecht, Professorin für Pädagogik der Kindheit, den Begriff der sensitiven Responsivität hin zu „professioneller Responsivität“. Diese Fähigkeit

KOMPETENZEN, DIE SENSITIVE RESPONSIVITÄT ERMÖGLICHEN

Ausgehend von den Forschungsergebnissen der Bindungsforscherin Mary Ainsworth legt Remsperger (2011) für die Umsetzung der sensitiven Responsivität zwei wesentliche Fähigkeiten fest:

1. Bemerken von kindlichen Signalen setzt Zugänglichkeit und Aufmerksamkeit voraus. Dem Kind Zugänglichkeit zu signalisieren, bedeutet, Interesse, Zeit und Ruhe zu haben und diese auszustrahlen. Feinfühlige Erzieher*innen zeigen sich offen und abwartend. Sie überlassen die Initiative dem Kind und drängen sich diesem nicht auf. Ihre Aufmerksamkeit signalisieren sie durch konzentriertes Zuhören, Nicht-Unterbrechen und Halten des Blickkontakts. Zugänglichkeit und Aufmerksamkeit kommen im Verhalten über die vier Ausdruckskanäle Sprache, Stimme, Gesicht und Körper zur Geltung.
2. Angemessenheit und Feinfühligkeit der Reaktion beinhalten die Fähigkeit, unmittelbar zu reagieren und die Signale des Kindes richtig zu interpretieren. Voraussetzungen dafür sind vier Kriterien:

- Die innere Haltung der Fachkraft, die geprägt ist von Akzeptanz und Wertschätzung sowie von dem Respekt vor der Autonomie des Kindes.
- Das „Involvement“ der Fachkraft, d. h. die Fähigkeit zur starken Beteiligung, und das Sich-Einlassen während der Interaktion mit dem Kind. Dies drückt sich z. B. in der Freude über den Fortschritt des Kindes sowie durch ein hohes Engagement dafür aus, die Interaktion mit ihm aufrechtzuerhalten.
- Ein gutes emotionales Klima ermöglicht angemessene Reaktionen. Indem die Fachkraft ihre Freude über die gemeinsame Interaktion ausdrückt sowie die kindlichen Emotionen aufgreift und darauf entsprechend reagiert, unterstützt sie dieses.
- Gelungene Stimulation in der Interaktion mit dem Kind, d. h., die Fachkraft unterstützt es in seinen Lernprozessen und seinem Selbstwirksamkeitsgefühl, motiviert es, fordert es entwicklungsangemessen heraus und regt es zu neuen Gedanken an. Entsprechend werden pädagogische Aktivitäten und alltägliche Interaktionen lustvoll und motivierend angeboten.

ist damit sowohl als Voraussetzung für eine gelungene Beziehung zu Kindern unterschiedlichen Alters als auch

> Sensitive Responsivität beeinflusst auch die Lernprozesse von Kindern.

zu Eltern und den Kolleg*innen im Team zu sehen. Die Entwicklungspsycholog*innen Mechthild und Hanus Papoušek sprechen in diesem Zusammenhang von einer intuitiven Didaktik, die sie als entscheidende Voraussetzung der kindlichen Entwicklung sehen. In der Fachkraft-Kind-Beziehung definieren sie professionelle Responsivität als den reflexiven und kultursensitiven Einsatz von intuitiv-didaktischen Verhaltensweisen (vgl. Papoušek/Papoušek 1987, S. 670ff.).

„Intuitive Didaktik" bezeichnet die (zunächst unreflektierten) Verhaltensweisen von Bezugspersonen gegenüber Kindern. Wie Mütter und Väter greifen auch Erzieher*innen in der Interaktion mit Kindern auf ein intuitives Repertoire an Kommunikationsformen zurück. Im Unterschied dazu baut professionelle Responsivität auf wissenschaftlichen Erkenntnissen auf. So wissen pädagogische Fachkräfte z. B. über Bindungstheorie und Sprachentwicklung Bescheid und binden dieses Wissen konkret ein. Wie auch Karla, Erzieherin in einer Kinderkrippe.

■ **Praxisbeispiel:** Karla ist sich darüber im Klaren, dass Kinder unter 18 Monaten (z. B. in der Wickelsituation) verschiedene Laute zur Sprachbildung und Beziehungsgestaltung einsetzen, und gibt ihnen beständig Rückmeldung. Die Qualität des Dialogs hängt auch von ihrer spontanen Mimik und Gestik ab. Durch aufmerksames Wahrnehmen und Beobachten, den Austausch mit Kolleg*innen sowie Fortbildungsveranstaltungen passt sie ihre Kommunikation den individuellen Bedürfnissen und Voraussetzungen der Kinder an. Sie ist erstaunt über die fehlende Reaktion eines arabischen Kleinkindes. In einem einfühlsamen Gespräch mit den Eltern des Kindes erfährt sie mehr über deren Gepflogenheiten und Umgang mit ihrem Kind. Sie erlernt auch ein arabisches Kinderlied und merkt, wie sie mehr und mehr Zugang zu dem Kind bekommt. Eine Kollegin macht sie darauf aufmerksam, dass sie ihre Stimme beim Singsang mit dem Kind noch mehr modellieren könnte. ■

Demnach bezieht professionelle Responsivität die Bereitschaft und Fähigkeit mit ein, die eigenen Verhaltensweisen ständig zu reflektieren und ihr Repertoire zu erweitern (vgl. Papoušek 2003, S. 17ff.). Sie erweitert die Fähigkeit der sensitiven Responsivität, indem sie die Lebenswelt des Kindes berücksichtigt. Dazu gehört der feinfühlige Umgang mit den Eltern und deren kulturellem Hintergrund, was auch als „kultursensitive Pädagogik" bezeichnet wird (vgl. Borke/Keller 2014, S. 99).

Die Fragen der Kinder

Der Fragebogen (s. Kasten) ist ein Instrument der Bildungs- und Lerngeschichten nach Margaret Carr. Lerndispositionen sind der „Fundus (…) an Lernstrategien und Motivation, mit

DIE FRAGEN DER KINDER WAHRNEHMEN

Lerndispositionen	Fragen des Kindes
Beziehungsgestaltung	Kann ich dir vertrauen? Auf welche Art und Weise berücksichtigst du meine alltäglichen Bedürfnisse?
Zugehörigkeit: Interessiert sein	Kennst du meine Interessen? Auf welche Art und Weise bringst du meinen Interessen und Fähigkeiten Wertschätzung entgegen?
Wohlbefinden: Engagiert sein	Gibst du mir Gelegenheit und ermunterst mich, mich in etwas zu vertiefen?
Exploration: Standhalten bei Herausforderungen und Schwierigkeiten	Lässt du mich meine Umwelt erkunden? Auf welche Art und Weise trägst du dazu bei, mich meine eigenen Lösungswege finden zu lassen?
Kommunikation: Sich ausdrücken und mitteilen	Hörst und siehst du mir zu? Wie sprichst du mich an? Wie tauschst du dich mit mir aus?
Partizipation: An einer Lerngemeinschaft mitwirken und Verantwortung übernehmen	Auf welche Art und Weise unterstützt du meine Bemühungen, Teil der Gruppe zu sein? Nimmst du wahr, wie wir miteinander und voneinander lernen?

Quelle: angelehnt an Leu et al. 2011, S. 51 und Anhang sowie Remsperger 2013, S. 54

dessen Hilfe ein lernender Mensch Lerngelegenheiten wahrnimmt, sie erkennt, auswählt, beantwortet oder herstellt und den er aufgrund seiner Lernbemühungen fortwährend erweitert" (Leu et al. 2011, S. 49). Die Fragen der Kinder stellen eine Aufforderung an die pädagogischen Fachkräfte dar, die beobachteten Lernsituationen aus der Perspektive der Kinder zu betrachten. Dadurch treten sie auch bei der Beobachtung in einen inneren Dialog mit ihnen. Die regelmäßige Auseinandersetzung mit den Fragen der Kinder ist eine wirksame Methode, um das eigene feinfühlige Antwortverhalten zu trainieren.

Verwendete Literatur

Ahnert, L. (Hrsg.) (2004): Frühe Bindung. Entstehung und Entwicklung. München Ernst Reinhardt.

Borke, J./Keller, H. (2014): Kultursensitive Frühpädagogik. Stuttgart: Kohlhammer.

Erndt-Doll, E./Winner, A. (2009): Anfang gut? Alles besser! Ein Modell für die Eingewöhnung in Kinderkrippen und anderen Tageseinrichtungen für Kinder. Berlin: verlag das netz.

Gutknecht, D. (2012): Bildung in der Kinderkrippe. Wege zur Professionellen Responsivität. Stuttgart: Kohlhammer.

Leu, H. R. et al. (2011): Bildungs- und Lerngeschichten. Bildungsprozesse beobachten, dokumentieren und unterstützen. 4. Aufl., Kiliansroda: verlag das netz.

Papoušek, H./Papoušek, M. (1987): Intuitive Parenting: A Dialectic Counterpart to the Infant's Integrative Competence. In: Osofsky, J. D. (Hrsg.): Handbook of Infant Development. 2. Aufl., New York: Wiley, S. 669–720.

Papoušek, H. (2003): Spiel in der Wiege der Menschheit. In: Papoušek, M./von Gontard, A. (Hrsg.): Spiel und Kreativität in der frühen Kindheit. Stuttgart: Pfeiffer bei Klett-Cotta, S. 17– 55.

Remsperger, R. (2011): Sensitive Responsivität. Zur Qualität pädagogischen Handelns im Kindergarten. Wiesbaden: Springer VS.

Remsperger, R. (2013): Feinfühligkeit im Umgang mit Kindern. kindergarten heute – wissen kompakt. 3. Aufl., Freiburg: Herder.

Literatur zur Vertiefung

Schmelzeisen-Hagemann, S. (2017): Feinfühlige Responsivität in der frühpädagogischen Praxis. Anleitung zum Erkennen und Erweitern individueller Interaktionskompetenz. Heidelberg: Springer VS.

2. Dialogisches Handeln

Kinder lernen in und durch Interaktionen mit ihren Bezugspersonen. In Kindertageseinrichtungen sind es die Erzieher*innen, die durch ihre Kommunikation und Interaktion sowohl als Sprachvorbild dienen als auch Lernprozesse bei Kindern anregen und begleiten. Im Vordergrund steht eine erkundende Haltung, aus der heraus die Fachkräfte Kindern offen und feinfühlig begegnen. Dies soll ihnen ermöglichen, in Ruhe über eine Situation nachzudenken und eigene Lösungsansätze zu entdecken. Antworten sind dabei nicht als richtig oder falsch zu bewerten, sondern werden von den Fachkräften zum weiterführenden Dialog genutzt.

■ **Praxisbeispiel:** Während der Hospitation in einer Kita setzen sich zwei Jungen im Alter von ca. 5 Jahren an meinen Tisch. Sie malen jeweils auf einem weißen Blatt Papier mit schwarzen Wachsmalstiften dicke Striche. Ich frage sie, was sie da malen. Daraus entwickelt sich folgender Dialog mit einem der beiden Jungen:

Kind: „Das sind Versteinerungen."

Ich: „Hast du Versteinerungen schon mal gesehen?"

Kind: „Am Sonntag war ich mit meinem Papa auf einem Hügel und habe welche gefunden."

Ich: „Das ist ja spannend! Was war denn da drauf?"

Kind: „Schnecken und Blätter. Aber keine echten."

Ich: „Abdrücke?"

Kind (denkt kurz nach): „Aber wie kommen die da drauf?"

Ich: „Hat dir dein Papa da was erzählt?"

Kind: „Ja, die kommen ganz tief aus der Erde ..."

Ich: „... und die Schnecken und Gräser gab es wohl vor ganz, ganz langer Zeit."

Kind: „Vor 1000 Jahren!"

Ich: „Und dann?"

Kind: „Da sind sie ganz lange gelegen ..."

Ich: „... und von oben haben ganz viele Felsen und Erde daraufgedrückt und haben den Abdruck hinterlassen."

Kind: „Wie viele denn? 1000 Meter? Wie viel sind denn 1000 Meter? So hoch wie das Haus?"

Ich: „Viel, viel höher! So große Häuser gibt's gar nicht."

Kind: „Kannst du mir das zeigen?"

Mittlerweile haben sich andere Kinder zu uns gesellt und auch die Erzieherin ist hinzugekommen. Ich bitte sie um ein Maßband. Damit messen wir den Tisch ab und stellen fest, dass dieser einen Meter hoch ist.

Ich: „Wie viele Tische müssten wir aufeinanderstellen, um 1000 Meter zu bekommen?"

Anderes Kind: „1000 Tische ... aber so viele haben wir gar nicht."

Ich: „Ja, das können wir uns jetzt einfach nur vorstellen." ■

Jede Situation kann eine Lerngelegenheit darstellen. Entscheidend dabei ist, ob sie dialogisch gestaltet wird. Insbesondere durch die Längsschnittuntersuchung von Sylva et al. (2004) wurde bestätigt, dass bestimmte Interaktionsformen die Lern- und Bildungsprozesse der Kinder stärker unterstützen als beispielsweise Erklärungen oder Anweisungen (instruierende Kommunikation). Solche anregenden Interaktionsformen setzen das Prinzip des „sustained shared thinking" (anhaltendes geteiltes Denken) um. Dabei steht die dialogische Form, in der die Denkprozesse gemeinsam entwickelt wer-

> Dialoge regen zu Denkprozessen an.

Jede Aktivität kann dialogisch gestaltet werden

den, im Vordergrund. Der Fokus ist auf das gemeinsame Nachdenken und Lösen von Problemen oder Aufgaben gerichtet. Dadurch werden Wissen und Erfahrung des Kindes erweitert (vgl. ebd., S. 5f.). Durch das Stellen offener Fragen wie z. B. „Was könnten wir jetzt damit machen?", „Wodurch passiert denn …?" wird das Nachdenken der Kinder angeregt und der Dialog aufrechterhalten.

Instruktions- oder dialogorientiert?

Dialogische Begleitung stellt ein wesentliches Merkmal pädagogischer Qualität dar. Dennoch dominieren in der Praxis häufig noch instruktionsorientierte Kommunikationsformen. Studien zur Gesprächskultur in Kitas kommen zu dem Ergebnis, dass in der überwiegenden Zeit des Spielgeschehens überhaupt nicht mit den Kindern kommuniziert wird oder überwiegend instruktionsorientiert wie z. B. „Nimm besser die große Schaufel" oder „Pass auf, dass du dir nicht wehtust" oder „Gib Lasse auch mal den Bagger" (vgl. Hildebrandt 2014). Die andere weitverbreitete Gesprächsform ist das Erklären von Sachverhalten. Für manche Situationen (z. B. Maßnahmen aufgrund der Corona-Pandemie) mag das sinnvoll sein: „Ich trage jetzt eine Maske, damit wir uns vor ansteckenden Viren schützen." Möchten pädagogische Fachkräfte Kinder jedoch einladen, selbstständige Erfahrungen zu machen, lassen sie sie mitforschen.

■ **Praxisbeispiel:** Nach der Erklärung der Erzieherin, warum sie eine Maske trägt, wollen die Kinder unbedingt wissen, was Viren sind. Um dieser Frage gemeinsam mit ihnen nachgehen zu können, gestaltet sie geeignetes Anschauungsmaterial. In einem dialogischen Prozess regt sie die Kinder dazu an, sich mit diesen unsichtbaren Wesen auseinanderzusetzen, deren Beschaffenheit zu erforschen und die Gefahr, die sie für Menschen darstellen können, erleben zu lassen. Dazu wählt sie folgendes Experiment: Die Kinder haben sich vorab die Hände eingecremt und als Virenersatz kunterbunten Glitzer genutzt. Dieser klebt natürlich wunderbar an den eingecremten Händen und geht mit klarem Wasser auch nicht ganz wieder ab. Egal, was die Kinder berühren: überall klebt nun Glitzer von ihren Händen. Türklinken, Tischplatten, die Hände anderer Kinder – alles ist voll damit. Aber mit viel Seife und einer gründlichen Reinigung bekommen sie ihre Hände wieder sauber und wissen nun: So leicht lassen sich Viren übertragen und so können wir etwas dagegen tun. ■

Meistens wird nur eine vergleichsweise geringe Zeit im pädagogischen Alltag dafür genutzt, in die dialogische Interaktion mit den Kindern zu treten. Der Anspruch an die Fachkräfte ist es jedoch, dass sie Kindern zuhören und dabei präsent sind, dass sie eine „erkundende Haltung, aus der heraus (sie) dem Kind mit offenen Fragen begegnen" (Leu et al. 2011, S. 111), entwickeln. Auch Anke König zeigt in ihrer Dissertation über die Fachkraft-Kind-Interaktion, wie entscheidend die Art und Weise der Kommunikation für die Entwicklung des Kindes und seine Lernprozesse ist: „Der Alltag von Kindertageseinrichtungen bietet durch seine Vielzahl an Spiel- und Lerngelegenheiten auch eine Vielzahl an Dialogkonstellationen und Themen. Durch gelingende Interaktionen können vielfältige Lern- und Entwicklungsprozesse angeregt werden" (König 2009, S. 112).

Zuhören ist elementar

Die Fähigkeit des Zuhörens ist wesentlich für die dialogische Interaktion. Erst dadurch bietet die pädagogische Fachkraft dem Kind den Raum, seine Sichtweise, Fragen und Erkenntnisse zu äußern. Diese werden von ihr aufgegriffen und mit dem Kind zusammen weiterentwickelt. In der Interaktion mit dem Kind geht es vorwiegend um aktives Zuhören.

> Die Fähigkeit des Zuhörens ist wesentlich für die dialogische Interaktion.

Dieses ist geprägt von innerer und äußerer Präsenz der Fachkraft, aber auch von deren Bereitschaft, sich mit den Ideen des Kindes auseinanderzusetzen. Sie muss den Kindern ihre Bereitschaft zum Dialog signalisieren,

INSTRUKTIONS- ODER DIALOGORIENTIERT?

Übung 1

Beobachtung:

Schließen Sie sich mit einem/einer vertrauten Kolleg*in zusammen und beobachten Sie einander jeweils zu einer gemeinsam festgelegten Zeit zu folgendem Aspekt:

- Wo liegt der Schwerpunkt meiner Kommunikation mit Kindern: zu wie viel Prozent ist sie instruktionsorientiert, zu wie viel Prozent dialogorientiert?

Beispiele:

instruktionsorientiert	dialogorientert
Du hast alle Bausteine ausgeschüttet. Räum die bitte wieder auf!	Wozu brauchst du alle Bausteine? Erzähl mir doch mal von deiner Idee.
Häng bitte die Tasche wieder an deinen Haken!	Weißt du noch, wo dein Haken für die Tasche ist?
Morgen ist schönes Wetter. Da gehen wir alle zum Spielplatz.	Morgen ist schönes Wetter. Da möchten wir euch vorschlagen, einen Ausflug zu machen. Könnt ihr euch an Orte im Freien erinnern, an denen ihr gerne gespielt habt?

Auswertung:

- Wobei fühle ich mich entspannter, wobei mehr gestresst?
- Was geschieht, wenn ich mit Kindern in einen Dialog trete, welche Erfahrungen mache ich damit?

Tauschen Sie sich in Ihrem Zweierteam darüber aus.

Übung 2

Die Übung kann mit zwei, besser mit drei Personen durchgeführt werden. Eine oder zwei Personen beobachten, eine befindet sich im Spiel bzw. in einer Lernsituation mit einem oder mehreren Kindern. Beobachtungszeit: max. 10–15 Minuten

Die Beobachter*innen notieren ihre Wahrnehmung, auch Filmen ist möglich. Schwerpunkt der Beobachtung ist der Dialog:

- Zuhören: Wie aufmerksam und präsent wirkt der/die Kolleg*in?
- Erfassen: Was ist das Interesse oder Bedürfnis des Kindes?
- Kommunikation: Wie geht der/die Kolleg*in darauf ein?
- Dialog: Zu welchem Teil erfolgt er instruktionsorientiert, zu welchem Teil dialogisch (z. B. Spiegeln, Bestätigen, Nachfragen, Erweitern der Aussagen des Kindes)?

Die agierende Person gibt kurzes Feedback dazu, wie sie die Situation erlebt hat. Die Beobachter*innen geben neutrales Feedback (nicht werten!) über ihre Wahrnehmung der Situation. Wertschätzende Kommunikation ist dabei besonders wichtig! Anschließend oder zu einer anderen passenden Gelegenheit werden die Rollen getauscht.

was verbal oder nonverbal geschehen kann. Diese Signale vermitteln den Kindern Ermutigung sowie Aufgeschlossenheit und Bereitschaft der Fachkraft (vgl. Weltzien 2016, S. 38). Im Verlauf des Dialogs bringen kompetente Erzieher*innen erworbene Gesprächstechniken ein. Sie sind in der Lage, aktiv zuzuhören, offene Fragen zu stellen und dabei darauf zu achten, dass Kinder ihre Hypothesen und Vermutungen äußern können. Sie werten nicht, sondern setzen sich zusammen mit den Kindern mit dem Für und Wider auseinander, bis zufriedenstellende Lösungen gefunden werden.

Komponenten der Schlüsselkompetenz

Die Schlüsselkompetenz „dialogische Begleitung“ umfasst fachtheoretisches Wissen, persönliche Fähigkeiten, methodische Kenntnisse und erfordert kontinuierliche Selbstreflexion. Auf der fachlichen Ebene sind Kenntnisse über die soziale Interaktion zwischen Fachkräften und Kindern und deren Wirkungen vonnöten. Auch wie sich kindliche Lernprozesse vollziehen und wie diese von Fachkräften am besten unterstützt werden (z. B. durch bewusst gestaltete Gesprächsführung), stellen weitere fachliche Grundlagen dar. Den „theoretischen Überbau“ bildet dabei das Prinzip der Ko-Konstruktion, wie es von Lew Wygotski und später von Wassilios Fthenakis erforscht und entwickelt wurde. Dazu kann man – im Rahmen von Fort- und Weiterbildung – aus einem breiten Angebot an Fachliteratur passende Titel auswählen (vgl. z. B. Weltzien 2016).

Auf der persönlichen Ebene verfügen Erzieher*innen, die diese interessierte und erkundende Haltung Kindern gegenüber aufbringen, über viel Empathie und Geduld. Erforderlich sind sowohl die Fähigkeit zur Beobachtung von Lerngelegenheiten bei Kindern als auch das „Sich-darauf-Einlassen“. Eine gute Unterstützung dafür bieten die Ausführungen zu den Bildungs- und Lerngeschichten von Hans Rudolf Leu u. a. Mitarbeitenden des Deutschen Jugendinstituts mit zahlreichen

Videobeispielen (s. Literatur zur Vertiefung). Fachkräfte können sich Szenen daraus miteinander ansehen und eigene Reaktionen überlegen. Zur Umsetzung dialogischer Begleitung braucht es schließlich einen reichen Fundus an Methoden. Einige davon finden sich in den nachfolgenden Abschnitten. Eine Vielfalt an Methoden kann aber natürlich auch im Rahmen von Fortbildungsveranstaltungen erworben werden.

Schließlich trägt die kontinuierliche Selbstreflexion dazu bei, die eigene Haltung und die Wirksamkeit der Interaktion mit Kindern immer wieder zu überprüfen und das eigene Gesprächsverhalten zu modifizieren. Dabei geht es nicht vordergründig darum, eigene Fehler aufzuspüren. In erster Linie hilft die Reflexion dabei, die Aufmerksamkeit für Gesprächssituationen und die Sensibilität für die damit verbundenen Bedürfnisse von Kindern weiterzuentwickeln. Eine solche Betrachtung kann im vertrauten Austausch mit Kolleg*innen oder mithilfe videogestützter Beobachtungs- und Reflexionsverfahren (z. B. „GInA“, Gestaltung von Interaktionsgelegenheiten im Alltag) erfolgen (vgl. Weltzien 2016, S. 39).

„In welchem Bereich wollt ihr spielen?“

Methoden und Anregungen

Die folgenden pädagogischen Impulse und Methoden können Fachkräfte bei der Umsetzung einer dialogischen Interaktion mit den Kindern unterstützen:

- Ein eigener Funktionsbereich im Rahmen des offenen Konzepts ermöglicht es Kindern, sich jederzeit mit pädagogischen Fachkräften auszutauschen. Dieser Bereich kann z. B. „Gesprächsecke“ genannt werden.
- Offene Fragen eröffnen Kindern vielfältige Antwortmöglichkeiten und ermutigen sie, eigene Hypothesen aufzustellen. Beispiel: Die Kinder sollen an der Gestaltung des Außengeländes beteiligt werden. Anstatt die geschlossene Frage zu stellen: „Wollt ihr eine Rutsche oder eine Nestschaukel?“, könnten die Erzieher*innen offen fragen: „Könnt ihr euch an Orte draußen erinnern, wo ihr besonders gerne gespielt habt?“
- Die dialogische Bilderbuchbetrachtung ermöglicht es Kindern, Wahrnehmung, Sprachkompetenz und Literacy weiter auszubauen. Zusammenhänge, Hintergründe und Lösungen werden gemeinsam erforscht und entwickelt (Videobeispiel dazu: Ulich 2005, Szene 2; s. Literatur zur Vertiefung).
- Nachdenkgespräche sind ko-konstruktive Gespräche, in denen alle Möglichkeiten offen sind und Kinder ihre Vermutungen und Ideen einbringen können (vgl. Hildebrandt 2014).
- Geschichten miteinander zu entwickeln ist ein ko-konstruktiver Prozess, bei dem einige Kinder gemeinsam mit einer Fachkraft eine Geschichte erfinden. Durch Moderation mit offenen Fragen, Zeichnungen und Impulsen entsteht eine Geschichte, die von der Fachkraft aufgeschrieben wird. (Auch hierzu gibt es ein interessantes Videobeispiel: Ulich 2005, Szene 10).
- Philosophieren mit Kindern greift Fragen auf, die hinter dem, was wir für wahr halten, stehen. Dabei können ethische und moralische Fragen eine besondere Rolle spielen, aber auch Themen, die mit der eigenen Befindlichkeit oder Lebenssituation zu tun haben.
- Kinder in ihrem Verhalten zu unterstützen, geschieht vor allem durch Widerspiegeln. Die Fachkraft bestärkt das Kind in seiner momentanen Aktivität, indem sie wertschätzendes Feedback gibt und dies als Anlass für einen weiteren Dialog nimmt: „Da hast du ein schönes, buntes Haus gebastelt. Magst du mir mal erzählen, wer darin wohnt?“
- Scaffolding bezeichnet eine vorübergehende Hilfestellung, damit das Kind von einem Kompetenzniveau zum nächsten gelangen kann. Beispiel: Ein Kind sucht sich ein schweres Puzzle aus. Anstatt es aufzufordern, ein leichteres zu nehmen, könnte die Erzieherin nach dem Grund der Wahl fragen. Vielleicht antwortet das Kind: „Weil

Zur Umsetzung dialogischer Begleitung braucht es einen reichen Fundus an Methoden.

da so ein schöner roter Bagger drauf ist." Eine Hilfestellung wäre es, dem Kind vorzuschlagen: „Wie wäre es, wenn du erst mal alle roten Teile raussuchst?"

- Projekt- und Aufgabenanalyse mit Kindern unterstützt diese dabei, schon früh Zusammenhänge zu verstehen. Beispiel: Anlässlich eines Projektes über ein von den Kindern gewähltes Thema wird gemeinsam mit ihnen ein Projekttagebuch erstellt. Täglich reflektieren die Fachkräfte mit den Kindern anhand dieser Dokumentation, was am Vortag geschehen ist, und teilen sich Eindrücke und Erkenntnisse mit.

Verwendete Literatur

Hildebrandt, F. (2014): Was meinst du? Nachdenkgespräche mit Kindern führen. In: kindergarten heute, 3/2014, S. 8–13.

König, A. (2009): Interaktionsprozesse zwischen ErzieherInnen und Kindern. Eine Videostudie aus dem Kindergartenalltag. Wiesbaden: VS Verlag für Sozialwissenschaften.

Leu, H. R. et al. (2011): Bildungs- und Lerngeschichten. Bildungsprozesse in früher Kindheit beobachten, dokumentieren und unterstützen. 4. Aufl., Kiliansroda: verlag das netz

Sylva, K. et al. (2004): The Effective Provision of Pre-School Education (EPPE) Project. https://dera.ioe.ac.uk/18189/2/SSU-SF-2004-01.pdf

Ulich, M. (2005): Lust auf Sprache. Sprachliche Bildung und Deutsch lernen in Kindertageseinrichtungen. DVD. Freiburg: Herder.

Weltzien, D. (2016): Interaktions- und Beziehungsgestaltung mit Kindern. kindergarten heute – wissen kompakt. Freiburg: Herder.

Literatur zur Vertiefung

Leu, H. R. et al. (2011): Bildungs- und Lerngeschichten. Bildungsprozesse in früher Kindheit beobachten, dokumentieren und unterstützen. 4. Aufl., Kiliansroda: verlag das netz. Mit Videobeispielen (z. B. drei Beobachtungen von Max und die Lerngeschichten dazu im Buch).

Schulz, E. (2017): Bildungsdialoge aus der Kita: Professionalisierung durch Feedback. Stuttgart: Klett.

3. Bereitschaft zur Partizipation

Frühkindliche Bildung und Partizipation sind eng miteinander verzahnt. Durch echte Beteiligung erlebt das Kind Selbstwirksamkeit – eine wesentliche Basiskompetenz (vgl. Bayerisches Staatsministerium 2012). Dazu muss es erleben, dass seine Bedürfnisse und Entscheidungen wahr- und ernst genommen werden. Mit zunehmender Entwicklung des Kindes lassen sich die Beteiligungsmöglichkeiten immer mehr erweitern. Partizipation beginnt, indem die pädagogischen Fachkräfte die Bedürfnisse der Kinder wahrnehmen, diese aufgreifen und angemessen darauf eingehen. Sie durchdringt den gesamten pädagogischen Alltag und reicht bis zu organisierten Beteiligungsformen wie z. B. Kinderkonferenzen.

Partizipation und soziale Verantwortung

Je mehr Verantwortung ein Kind für sein Handeln übernehmen kann, desto umfassender kann der Rahmen der Beteiligung sein.

■ **Praxisbeispiel:** Der 2-jährige Jeff zeigt sein Bedürfnis nach Kontaktaufnahme, indem er die gleichaltrige Clara an den Haaren zieht und in den Arm beißt. Clara weint laut und Jeff gleich mit. Die Kontaktaufnahme ist also gründlich misslungen. Seine Bezugserzieherin kennt Jeff schon eine ganze Weile und vermutet hinter seinem Verhalten den Wunsch nach Kontakt, den er nicht äußern kann. In seiner Hilflosigkeit reagiert Jeff aggressiv. Die Erzieherin sanktioniert nicht die Aggression, sondern zeigt Jeff, dass er Clara wehtut und sie dann nicht mit ihm spielen kann. Clara wird zeitgleich von der Kollegin getröstet. Die Bezugserzieherin geht mit Jeff zu einem anderen Jungen, der einige Monate älter ist, und beginnt mit den beiden eine begleitete Spielsituation mit Spielautos, für die sich beide offensichtlich interessieren. Dies geschieht in friedlicher Atmosphäre. Nach kurzer Zeit verbalisiert die Fachkraft das Geschehen. Sie nimmt Körperkontakt zu Jeff auf und spiegelt ihm in wenigen Worten, wie er erfolgreich einen Spielkameraden gefunden hat. Gemeinsam gehen sie zu Clara und Jeff legt ihr stumm seine Hand auf den Rücken. ■

Inwiefern geht es hier um Partizipation?

- Jeff hat das Bedürfnis, mit einem anderen Kind zu spielen, weiß jedoch nicht, wie er dieses Bedürfnis mitteilen soll. Er reagiert mit aggressivem Verhalten.
- Die Erzieherin nimmt Jeffs Verhalten wahr und erkennt das Bedürfnis, das hinter der Aggression steckt.
- Sie sanktioniert nicht, sondern zeigt Jeff die Folgen seines Verhaltens auf.
- Sie verbalisiert sein Bedürfnis und begleitet ihn erfolgreich in eine Kontaktaufnahme.
- Sie spiegelt das Geschehen und zeigt Jeff, was er jetzt richtig gemacht hat.
- Schließlich stärkt sie sein Verantwortungsgefühl, indem sie gemeinsam noch einmal versöhnlichen Kontakt zu Clara aufnehmen.

Partizipation fördert also auch die soziale Verantwortungsübernahme, indem Gelegenheiten entwicklungsgerecht genutzt oder geschaffen werden,

> Frühkindliche Bildung und Partizipation sind eng miteinander verzahnt.

„in denen das Kind lernt, in sozialer Verantwortung zu handeln, d. h. die Konsequenzen seines eigenen Handelns für andere und sich selbst zu reflektieren. Kinder lernen sich einzu-

SO GELINGT PARTIZIPATION

In einer Untersuchung zu den Gelingensbedingungen von Partizipation bzw. Demokratiebildung in der Kita nennen Bartosch und Knauer (2016) fünf zentrale Handlungsmerkmale:

1. Anerkennung: Kindern werden Selbstständigkeit und Rechte zugestanden, an ihrem Handeln wird Anteil genommen und sie werden wertgeschätzt.
2. Pädagogische Gestaltung: Handlungs- und Entscheidungsräume werden von Fachkräften vorbereitet und begleitet.
3. Transparenz: Über die Strukturen und Prozesse zur Demokratiebildung werden die Kinder informiert; es wird ihnen, je nach Entwicklungsstand, ermöglicht, sich dabei einzubringen.
4. Demokratie in der ganzen Einrichtung: Die ganze Einrichtung geht diesen Weg, denn es ist nur schwer nachvollziehbar, wenn große Unterschiede bei der Ermöglichung von Beteiligung in einzelnen Gruppen oder bei einzelnen Fachkräften bestehen.
5. Präsentation nach außen: Die Fachkräfte kommunizieren demokratisches Handeln mit den Kindern nach außen und kooperieren dabei mit Eltern (vgl. ebd., S. 158).

bringen und Entscheidungen für sich und andere zu fällen, wenn ihnen Mitsprache und Wahlmöglichkeit gegeben werden. Sie lernen Verantwortung für sich und andere zu übernehmen, wenn ihnen Verantwortung übergeben wird" (Bayerisches Staatsministerium 2012, S. 14f.).

Die Haltung der Fachkraft

Partizipation von Kindern setzt eine bestimmte Haltung der pädagogischen Fachkräfte voraus. Sie gelingt nur, wenn Erwachsene bereit sind, Macht abzugeben, und wenn sie von der Fähigkeit und Berechtigung der Kinder zur Teilhabe überzeugt sind. Demokratische Prozesse in der Kita umzusetzen und verschiedene Formen von Beteiligung zu realisieren sowie den Kindern bewusst zu machen, dazu braucht es die Bereitschaft und Inspiration der Fachkräfte.

Partizipation ist ein Kinderrecht, das in der UN-Kinderrechtskonvention, im SGB VIII und noch einmal konkreter in den Kindergartengesetzen der Bundesländer festgeschrieben ist (vgl. Regner/Schubert-Suffrian 2018). Pädagogische Fachkräfte haben den Auftrag, dieses Kinderrecht umzusetzen; hierfür sind geeignete Strukturen und Prozesse zu implementieren. Dabei geht es nicht um eine vorgetäuschte Beteiligung der Kinder. Ganz im Gegenteil: Was als demokratisches Verfahren eingeführt wird, muss verbindliche und verlässliche Geltung haben. Demokratie zwischen Erwachsenen und Kindern darf nicht willkürlich ein- bzw. ausgeschaltet werden. Manchmal müssen dazu althergebrachte Vorstellungen und Vorgehensweisen auf den Prüfstand gestellt werden. Der durch die Fachkräfte vorstrukturierte Tagesablauf sollte genügend Spielraum lassen, damit Kinder ihren Interessen und Lernbedürfnissen nachgehen können – und dabei auf interessierte und aufmerksame Erzieher*innen stoßen, von denen sie professionell begleitet werden.

Schritte zur Umsetzung

Um Partizipation in der Kita umzusetzen, sollten sich pädagogische Fachkräfte an den folgenden, aufeinander aufbauenden Schritten orientieren (vgl. Bartosch/Knauer 2016):

- Wissen über Partizipation und Verstehen von Bedeutung und Zusammenhängen
- Beschreibung, Analyse und Bewertung kindlicher Ausdrucksformen von Beteiligung
- Konzeptionierung und Planung partizipativer Prozesse
- Organisation und Durchführung

■ **Praxisbeispiel:** Das Team einer Kita verstärkt seine Bemühungen, partizipative Prozesse voranzubringen und mit den Kindern Beteiligungsmöglichkeiten zu schaffen. Die Vorstellungen im Team sind sehr unterschiedlich und viele Aspekte müssen miteinander erarbeitet und diskutiert werden. Dazu werden bereits vorhandene Beteiligungsformen analysiert und transparent gemacht. Diese werden sehr deutlich im freien Spiel der Kinder, aber auch in Gesprächen im Morgenkreis. Die beobachteten Beteiligungsformen werden notiert und auf ihre konkrete Wirkung hin überprüft. Wichtigstes Kriterium dabei ist, wie Kinder echte Beteiligung ausdrücken und sich dabei als kompetent für die eigenen Angelegenheiten erleben. Es zeigt sich, dass Partizipation in der pädagogischen Konzeption deutlicher verankert werden muss, versehen mit konkreten Umsetzungsmöglichkeiten. So wird eine wöchentliche Kinderkonferenz angeboten, bei der die Kinder zunächst an diese demokratische Form herangeführt werden, mit dem Ziel, dass die Kinder zunehmend die Durchführung übernehmen und die Erwachsenen sich dabei zurückziehen

> Partizipation gelingt nur, wenn Erwachsene bereit sind, Macht abzugeben.

und eine Beobachter*innenrolle einnehmen. Schließlich geht es an die konkrete Durchführung. Ein Tag für die Kinderkonferenz wird festgelegt, Themen werden dafür gesammelt und die Kinder aufgefordert, ihre Anliegen einzubringen. Dies gelingt immer besser – auch deshalb, weil alle Teammitglieder eine gemeinsame Überzeugung und partizipative Haltung entwickelt haben. Das Team ist beeindruckt von der zunehmenden Selbstständigkeit der Kinder und der sozialen Verantwortung, die einzelne Kinder dabei entwickeln. ■

Verwendete Literatur

Bartosch, U./Knauer, R. (2016): Erzieherinnen und Erzieher als kundige Begleiter/innen zur Demokratie. In: KiTa aktuell spezial, 4/2016, S. 158–160.

Bayerisches Staatsministerium für Arbeit und Sozialordnung, Familien und Frauen/Staatsinstitut für Frühpädagogik (2012): Der Bayerische Bildungs- und Erziehungsplan für Kinder in Tageseinrichtungen bis zur Einschulung. 5. Aufl., München: Cornelsen.

Regner, M./Schubert-Suffrian, F. (2018): Partizipation in der Kita. Freiburg: Herder.

Literatur zur Vertiefung

AWO Ostwestfalen-Lippe e. V. (Hrsg.) (2018): Wir kennen unsere Rechte! Kinderrechte in der Kita umsetzen. kindergarten heute – praxis kompakt. Freiburg: Herder.

Bartosch, U. et al. (2015): Schlüsselkompetenzen pädagogischer Fachkräfte in Kindertageseinrichtungen für Bildung in der Demokratie. Kiel: o. A. (Die Dokumentation kann kostenlos bestellt werden bei raingard.knauer@fh-kiel.de oder ulrich.bartosch@ku.de)

Hansen, R./Knauer, R. (2016): Partizipation. Themenkarten für Teamarbeit, Elternabende und Seminare. München: Don Bosco.

Schubert-Suffrian, F./Regner, M. (2015): Partizipation in Kita und Krippe. kindergarten heute – praxis kompakt. Freiburg: Herder.

Inklusion nimmt die spezifischen Bedürfnisse jedes Kindes in den Blick

4. Inklusive Haltung

Inklusion ist Anspruch und Ziel von Kindertageseinrichtungen, ihre konsequente Umsetzung ist vielerorts jedoch noch nicht vollzogen. Es war und ist ein langer Prozess, bei dem die sogenannten Integrationskindergärten vorangingen und viele Hürden überwanden – sowohl bei Gesetzgebern und Behörden als auch bei Eltern und pädagogischen Fachkräften. Mittlerweile spricht man von „Inklusion" und in deutschen Kitas soll sie Standard sein. Der Unterschied zwischen Integration und Inklusion ist ein grundsätzlicher: „Integration will Menschen mit Behinderung oder mit Migrationshintergrund in ein bestehendes System einpassen, Inklusion hingegen betrachtet den Menschen von Anfang an als Teil der Gesellschaft" (Weltzien/Albers 2014, S. 10).

Inklusion ist ein Konzept; dennoch gibt es keine Inklusionskindergärten. Einfach deshalb, weil der Anspruch an Inklusion ist, dass sie als Selbstverständlichkeit gesehen wird und damit auch keiner besonderen Form bedarf. Vielmehr geht es um eine inklusive Pädagogik, die offen ist für Unterschiedlichkeit und Vielfalt. Ausgangspunkt ist das einzelne Kind in seiner Individualität und seinen spezifischen Bedürfnissen – und das ohne jede voreilige Etikettierung. Jedes Kind wird als Mensch betrachtet, der über bestimmte Stärken und Schwächen verfügt, und so begleitet und unterstützt, wie es dessen persönliche Situation verlangt. Max ist dann wirklich Max: ein Kind, das sich gerne kreativ betätigt und Freude daran hat, mit anderen Kindern zu spielen. Aber auch ein Kind, das seine Impulse nicht so leicht steuern und sich oft nur schwer konzentrieren kann. Und Marie ist dann wirklich Marie: ein Kind, das seine Aufgaben engagiert angeht, aber aufgrund der angeborenen Trisomie 21 in bestimmten Bereichen schnell an seine Grenzen stößt und

> Eine inklusive Pädagogik ist offen für Unterschiedlichkeit und Vielfalt.

dann mehr Unterstützung braucht. Ayshe ist dann nicht „das türkische Kind", sondern ein Mädchen, das mit seiner Fröhlichkeit alle ansteckt und sprachlich mehr Begleitung benötigt als die Kinder, die mit Deutsch als Muttersprache aufwachsen.

Eine gesellschaftliche Aufgabe

In Deutschland sind in allen Bereichen Bemühungen sichtbar, Inklusion zu verwirklichen. Letztlich ist es die innere Einstellung vieler Menschen, die dazu führt, dass Verschiedenheit zur Selbstverständlichkeit wird. In Bezug auf Erziehung und Bildung ist Inklusion seit 2009 gesetzlich verankert. Grundlage hierfür ist die Unterzeichnung der UN-Kinderrechtskonvention (UN KRK) und der UN-Behindertenrechtskonvention (UN BRK) durch die Bundesregierung. In §§1 und 22 SGB VIII ist zudem das Recht auf Bildung für alle jungen Menschen festgeschrieben, völlig unabhängig von ihrer Staatsbürgerschaft. Das heißt, dieses Recht gilt z. B. auch für die Kinder von Asylsuchenden. Für Kindertageseinrichtungen werden das Recht auf Bildung und die Ausrichtung an Inklusion in den einschlägigen Gesetzen der Bundesländer präzisiert.

> Unterschiede werden nicht als Defizit, sondern als Bereicherung wahrgenommen.

Umgang mit Vielfalt

Der Umgang mit Diversität ist in den Kitas alltäglicher pädagogischer Auftrag. Der Begriff „Diversität" (engl. diversity) bedeutet Verschiedenheit, Vielfältigkeit. Kinder sind verschieden und bringen vielfältige Persönlichkeiten und Hintergründe mit. Das betrifft ethnische und kulturelle Herkunft, Geschlecht, Gesundheit, Behinderung, sexuelle Orientierung, Alter, aber auch den Zugang zu Ressourcen wie Bildungschancen und finanzielle Ausstattung. Wesentlich ist der Blick auf diese Unterschiede: „Unterschiede werden dabei nicht als Defizit oder Bedrohung, sondern als Bereicherung wahrgenommen" (Prengel 2006, S. 29). Entsprechend sind sie auch „kein zu lösendes Problem, sondern Normalität; an diese Normalität wird das System angepasst und nicht umgekehrt" (Weltzien/Albers 2014, S. 10). Ein Beispiel aus dem Alltag einer Kita verdeutlicht dies.

■ **Praxisbeispiel:** So entstand aus Paulas Frage „Warum hat Ayshes Mutter immer ein Kopftuch auf, auch im Sommer, wenn es ganz heiß ist?" ein spannendes Projekt. Die Erzieherin griff diese Frage auf und thematisierte sie im Morgenkreis: „Welche Kopfbedeckungen kennt ihr noch? Warum nutzen wir sie? Manche Kopfbedeckungen haben eine bestimmte Bedeutung. Wollen wir mal herausfinden, warum sie für manche Menschen wichtig sind?" Die Kinder brachten dazu ihre Lieblingsmützen, Tücher oder Kappen mit. Es entstand ein lustiges Verkleidungsspiel, bei dem diese ausgetauscht und mit anderen Verkleidungen ergänzt wurden. Unter Anleitung der Erzieherin erarbeiteten sich die Kinder die Namen und Bedeutungen verschiedener Kopfbedeckungen wie z. B. den Zylinder des Schornsteinfegers, das Kopftuch für islamische Frauen, die Mitra des Heiligen St. Nikolaus usw. Dazu gestalteten sie eine kleine Ausstellung von Kopfbedeckungen, die mit eigenen Zeichnungen, Fotos und gebastelten Hinweisen ergänzt wurde. In der gesamten Kita und auch bei den Eltern fand dieses Thema großen Anklang, was die vielen Rückmeldungen und Erzählungen spiegelten. ■

Die Haltung der Fachkraft

Gesetze und Verordnungen müssen auch ankommen. Inklusion in Kindertageseinrichtungen wird erst dann verwirklicht, wenn sie von den pädagogischen Fachkräften innerlich getragen wird und sie sich mit eigenen Voreingenommenheiten auseinandersetzen. „Ein förderlicher Rahmen für Inklusion ist zunächst einmal eine Haltung von PädagogInnen, die Vielfalt als Bereicherung für alle Kinder der Gruppe und für ihr Lernen ansieht" (Nowack 2013, S. 5). Es handelt sich nicht unbedingt um Ablehnung, wenn dieser Anspruch noch nicht von allen Mitarbeiter*innen vollständig

INKLUSION UND DIVERSITÄTSBEWUSSTSEIN

Um Inklusion umsetzen zu können, müssen pädagogische Fachkräfte ein Diversitätsbewusstsein entwickelt haben (vgl. Wagner 2011). Diese Fachkräfte

- erkennen die unterschiedlichen Identitätsmerkmale und Bezugsgruppenzugehörigkeiten,
- setzen sich kritisch mit der eigenen Wahrnehmung auseinander,
- begegnen Irritationen, die dabei auftreten können, mit der Haltung, dass diese auch produktiv, d. h. im Sinne einer Erweiterung der eigenen Wahrnehmung, genutzt werden können,
- sind sich der vorhandenen Heterogenität von Menschen bewusst und können diese wertschätzen,
- ermöglichen Kindern mit unterschiedlichen Voraussetzungen den Zugang zu Bildung und unterstützen sie in ihrer ganz persönlichen Entwicklung.

REFLEXIONSFRAGEN UND IMPULSE

- Inklusion ist für mich …
- Welche Form von Inklusion nehmen Sie in Ihrem Lebensumfeld wahr?
- Wie können Wege aussehen, um Inklusion in Ihrer Kita zu ermöglichen?
- Wie kann es uns gelingen, das individuelle Kind mit seinen Bedürfnissen und Stärken in den Mittelpunkt zu stellen?
- Was ist normal? Wer ist normal? Sind Sie normal?
- Warum fällt es Menschen so schwer, sich von der Vorstellung der „Normalität" zu verabschieden?
- Gehen Sie auf Entdeckungsreise: Was haben wir alle gemeinsam?
- Was lösen Menschen in Ihnen aus, die anders sind, als Sie es gewohnt sind?
- Wie gehen Sie mit Menschen um, deren Anderssein Sie befremdet oder verunsichert?
- Wie kann es gelingen, die kulturelle Einzigartigkeit von Kindern wertschätzend aufzugreifen?
- Welche Assoziationen haben Sie zu dem Begriff „Behinderung"?
- Wie kann es in der Kita gelingen, Benachteiligung durch Behinderung erst gar nicht entstehen zu lassen?
- Welche Bedeutung hat Armut für die Kinder in Ihrer Kita? Wann und wie wurde das Thema schon mal von Kindern aufgezeigt?
- Wie können Sie Gelegenheiten schaffen, bei denen Kinder sich mit ihren persönlichen Stärken einbringen können?
- Wie ermöglichen Sie es allen Kindern, in Ihrer Kita Verantwortung zu übernehmen und partizipativ mitzuwirken?
- Wie bewusst können Kinder im Kita-Alltag ihre individuelle Vielfalt erleben?
- In welcher Weise führen Sie mit Kindern Gespräche über Unterschiedlichkeit? Kennen Sie Materialien (z. B. Bilderbücher), die Sie entsprechend einsetzen?
- Wo fällt es Ihnen leicht oder schwer, unterschiedliche Entwicklungen von Kindern auszuhalten? Was sind die Gründe dafür?

mitgetragen werden kann. Oft spielen dabei auch Ängste, Befürchtungen oder Unsicherheiten eine Rolle.

■ **Praxisbeispiel:** In einer Kita wurde ein mehrfach schwerbehindertes Mädchen angemeldet. In der Teamsitzung geht es nun darum, wer schwerpunktmäßig die Betreuung und Begleitung des Kindes sowie die Zusammenarbeit mit den Eltern übernehmen wird. Schon zu Beginn zeigen sich bei einigen Kolleg*innen Reserviertheit bis offene Ablehnung gegenüber der Aufnahme des Mädchens in die Kita. Für andere Teammitglieder ist diese Haltung nur schwer nachvollziehbar, was sie auch offen ansprechen. Sie argumentieren, dass eine Aufnahme gar nicht abgelehnt werden kann, da die Kita bzw. der Träger das Recht auf Bildung und Erziehung für alle Kinder gewährleisten muss. Die Leitung reagiert besonnen und hinterfragt die Beweggründe, die gegen eine Aufnahme sprechen. In einem längeren Gespräch kristallisiert sich heraus, dass es vor allem Befürchtungen sind, dem Mädchen in seiner besonderen Lebenssituation nicht gerecht zu werden. Nur wenige Mitarbeiter*innen bringen Erfahrungen mit schwerbehinderten Kindern mit, deshalb herrscht große Verunsicherung. Die Leitung erkennt, dass manche Kolleg*innen hier Unterstützung brauchen, und organisiert einen Teamtag, an dem sich alle unter fachlicher Anleitung mit den Hintergründen und dem Umgang mit mehrfach schwerbehinderten Kindern auseinandersetzen und der Expertin ihre Fragen stellen können. ■

Das Beispiel macht deutlich, dass sowohl fachliche als auch persönliche Beweggründe diskutiert und empathisch begleitet werden müssen, damit auch alle Kolleg*innen den Weg der Inklusion mitgehen können. Mit jeder einzelnen Fachkraft, die offen und flexibel unterschiedlichen Voraussetzungen von Kindern begegnet, wird Inklusion mehr und mehr zur Selbstverständlichkeit im Kita-Alltag.

Fachliche Kompetenzen zur Umsetzung

Fachliche Kenntnisse, die in Bezug auf Inklusion bedeutsam sind, betreffen das Wissen der Fachkräfte über Grundbedürfnisse und Entwicklungsbedingungen von Kindern sowie über kindliche Bildungsprozesse und individuelle Förderung. Geht man von den unterschiedlichen Ausgangslagen der Kinder aus, wird deutlich, dass diese zu verschieden sind, um sich z.B. auf das Ablesen von Entwicklungstabellen zu verlassen. „Jedes Kind ist in der Kindertageseinrichtung gemäß seiner individuellen Entwicklung und seiner Bedürfnisse zu begleiten und zu unterstützen. Individuelle Erfordernisse können dabei beispielsweise kultur- oder geschlechtsspezifisch oder durch eine Behinderung oder Erkrankung beeinflusst sein" (Nowack 2013, S. 6f.). Kenntnisse aus den Gebieten der Heilpädagogik, der geschlechtersensiblen und der interkulturellen Erziehung sind dabei von großem Vorteil. Sie erleichtern der Fachkraft die Abstimmung bei der Begleitung der individuellen Entwicklungsaufgaben und Bildungsprozesse der Kinder. Besondere Bedeutung kommt dabei der individuellen Förderung der Kinder zu. Zeigt sich bei einem Kind ein bestimmter Bedarf, so kann dieser z.B. nicht reduziert auf Fördereinheiten durch den spezifischen Fachdienst betrachtet werden. Stattdessen arbeiten die Erzieher*innen eng mit den Fachdiensten zusammen und entwickeln gemeinsam ein Konzept für das zu unterstützende Kind, welches den gesamten pädagogischen Alltag durchzieht und am besten auch in Abstimmung mit den Eltern erfolgt.

Schließlich besteht im Rahmen der Inklusionsprozesse eine wichtige Aufgabe der Fachkräfte darin, den Kontakt zwischen den unterschiedlichen Kindern (und manchmal auch Eltern) anzuregen, zu begleiten und zu unterstützen. „Die Erfahrungs- und Lernprozesse des Kindes sind von Anfang an auf eine soziale Interaktionsebene angewiesen. Neben Gelegenheiten zu gemeinsamen Aktivitäten benötigen Kinder auch die Resonanz auf ihr Verhalten und ihre Lernfortschritte durch andere Kinder und die erwachsenen Bezugspersonen. In heterogenen Gruppen bestehen Gelegenheiten zu vielfältigen sozialen Kontakten und Erfahrungen“ (ebd., S. 8). Mit der Zeit entwickeln Erzieher*innen ein umfangreiches Repertoire an Erfahrungen und Methoden, um diese Prozesse zu initiieren, sodass die Gemeinsamkeit für die Kinder der Kita selbstverständlich ist. Vielfältige Möglichkeiten bieten sich hierzu gerade im gestalterischen Bereich (z. B. Gemeinschaftsbilder mit verschiedenen Materialien) oder im motorischen Bereich (z. B. Psychomotorik oder integrative Körpertherapie) an.

> Kenntnisse aus den Bereichen Heilpädagogik, geschlechtersensible und interkulturelle Erziehung sind hilfreich.

Anforderungen an die Ausbildung

Für die Erzieher*innen-Ausbildung in den Fachschulen und Fachakademien stellt sich die Frage, wie Inklusion hier realisiert werden kann. Gerade für die Ausbildung in sozialpädagogischen Berufen müsste die Vielfalt und Diversität von Bewerberinnen und Bewerbern als Bereicherung wahr- und als Herausforderung angenommen werden, um möglichst viele unterschiedliche junge Menschen für den Beruf der Erzieherin bzw. des Erziehers zu gewinnen. Im Genderbereich z. B. ist diese Zielsetzung durch das verstärkte Werben um männliche Fachkräfte im Elementarbereich bereits spürbar. Aber auch die Ausbildung von Interessent*innen mit unterschiedlichen sprachlichen und kulturellen Hintergründen oder mit körperlichen Einschränkungen bzw. Behinderungen darf kein Hindernis darstellen – in der Realität tut es das aber leider häufig noch.

Im Rahmen der Ausbildung kann Inklusion nicht als Thema eingebracht werden, das in einzelnen, abgeschlossenen Unterrichtseinheiten erarbeitet wird, sondern sollte als Querschnittaufgabe in verschiedensten Fächern und Bereichen eingebunden und umgesetzt werden. Die Anforderungen an die zukünftigen Erzieherinnen und Erzieher wurden in der Kultusministerkonferenz vom 1.12.2011 formuliert: „Das Konzept der Inklusion im Sinne des Verstehens von Verschiedenheit (Heterogenität) als Selbstverständlichkeit und Chance. Inklusion berücksichtigt zahlreiche Dimensionen von Heterogenität: geistige oder körperliche Möglichkeiten und Einschränkungen, soziale Herkunft, Geschlechterrollen, kulturelle, sprachliche und ethnische Hintergründe, sexuelle Orientierung, politische oder religiöse Überzeugung. Diversität bildet den Ausgangspunkt für die Planung pädagogischer Prozesse“ (KMK 2011, S. 4). Im Rahmenlehrplan für die Ausbildungsstätten wird dem Thema Inklusion deshalb kein eigenes Handlungsfeld zugeordnet, sondern es durchzieht als Querschnittaufgabe alle sechs Handlungsfelder. Neben wertvollen Kenntnissen z. B. aus der Heilpädagogik, der Psychologie und Pädagogik vermitteln auch andere Wissensgebiete wie z. B. Musik und Bewegung, Kunst oder das Fach Deutsch fachliche Hintergründe und methodische Ansätze.

Verwendete Literatur

KMK (2011): Kompetenzorientiertes Qualifikationsprofil für die Ausbildung von Erzieherinnen und Erziehern an Fachschulen/Fachakademien. www.bvktp.de/media/erzieherinnen-qualiprofil_kopie_.pdf

Nowack, S. (2013): Die Rolle der pädagogischen Fachkraft im inklusiven Prozess. www.kitafachtexte.de/fileadmin/Redaktion/Publikationen/KiTaFT_Nowack_2013.pdf

Prengel, A. (2006): Pädagogik der Vielfalt. Verschiedenheit und Gleichberechtigung in Interkultureller, Feministischer und Integrativer Pädagogik. 3. Aufl., Wiesbaden: VS Verlag für Sozialwissenschaften.

Wagner, P. (2011): Diversitätsbewusstsein – Qualifikationsanforderung für pädagogische Fachkräfte. In: Hammes-Di Bernardo, E./Schreiner, S. A. (Hrsg.): Diversität. Ressource und Herausforderung für die Pädagogik der frühen Kindheit. Weimar: verlag das netz, S. 94–103.

Weltzien, D./Albers, T. (Hrsg.) (2014): Vielfalt und Inklusion. kindergarten heute – wissen kompakt. Freiburg: Herder.

Literatur zur Vertiefung

Hundegger, V. (2019): Eine Kita für alle. Inklusion im pädagogischen Alltag. kindergarten heute – praxis kompakt. Freiburg: Herder.

Kaykusuz, M. (2015): So kann Inklusion gelingen. Zusammen spielen und singen in der Kita. Mühlheim a. d. R.: Verlag an der Ruhr.

Lingenauber, J./von Niebelschütz, J. L. (2015): Inklusion im Kindergarten. Einblicke in ein erfolgreiches Konzept. DVD mit Booklet. Weimar: verlag das netz.

Meyer, E. (2015): Inklusion. Themenkarten für Teamarbeit, Elternabende und Seminare. München: Don Bosco.

Prengel, A. (2019): Pädagogik der Vielfalt. 4. Aufl., Berlin, Heidelberg: Springer VS.

III

Methodisch-strukturiertes Vorgehen

Bei der Fähigkeit zum zielorientierten Handeln, zum strukturierten Arbeiten und zur Reflexion geht es um das „Wie" der pädagogischen Arbeit. Wenn diese drei Kompetenzen vorhanden sind und umgesetzt werden, können sich Fach- und Erfahrungswissen – und damit Themen wie Partizipation oder Inklusion – optimal entfalten.

1. Zielorientiertes Handeln

Die meisten Menschen haben (berufliche) Ziele und verfolgen diese mehr oder weniger systematisch. Pädagogische Fachkräfte zeigen ihre Kompetenz, wenn sie klar und deutlich benennen können, was sie erreichen möchten, wie diese Ziele gemeinsam im Team angegangen werden und was sie selbst dafür tun. Wie in anderen Organisationen auch, gibt es innerhalb des Systems Kita eine Vielzahl an Individual- und Kollektivzielen, an kurz-, mittel- und langfristigen Zielen, an Eigen- und Fremdzielen oder auch an qualitativen und quantitativen Zielen.

Wichtige Zielkategorien für Kitas

Pädagogik: Dominierend für eine Kita sind natürlich fachliche Ziele. Im Mittelpunkt steht der Erwerb von Basiskompetenzen. Darüber hinaus werden u. a. Ziele formuliert für die Integration in das Gemeinwesen und in Netzwerke früher Hilfen, die Gewährleistung sozialer Teilhabe etc.

Betriebswirtschaft/Finanzen: Diese Ziele beziehen sich auf die Marktposition und die finanzielle Absicherung der Kita. Hierbei geht es insbesondere um den Ertrag und die Liquidität (Zahlungsfähigkeit) sowie um Kosten und Rücklagen.

Soziales und Ökologie: Neben Zielen, die auf das Team bezogen sind (z. B. regelmäßige Durchführung von Mitarbeiter*innengesprächen), haben gerade soziale Organisationen wie Kindertageseinrichtungen auch gesellschaftsbezogene Ansprüche wie Chancengleichheit, Umweltschutz und Ressourcenschonung.

Führung und Organisation: Diese Ziele beziehen sich auf das Führen und Leiten. Hierunter fallen beispielsweise die Gesundheit der Mitarbeiter*innen, das Betriebsklima oder eine effiziente Organisationsstruktur (vgl. Ministerium für Bildung, Kultur und Wissenschaft des Saarlandes 2006, S. 43–48; Senatsverwaltung für Bildung, Jugend und Wissenschaft Berlin 2014, S. 27–28).

Nicht alle diese Ziele haben für jede Person in der Einrichtung den gleichen Stellenwert. Sicher tun sich manchmal Widersprüche auf. Für den Träger kann beispielsweise das quantitative Ziel, möglichst vielen Familien einen Kita-Platz zu bieten, höchste Priorität haben, für die Leitung die konstruktive und qualitativ hochwertige Zusammenarbeit im Team und für die pädagogische Fachkraft die optimale Entwicklungs- und Bildungsbegleitung eines jeden Kindes. Auch wenn die jeweiligen Ziele ihre Berechtigung haben, bedarf es doch eines Aushandlungsprozesses, um einen gemeinsamen Konsens zu erreichen.

WAS BEINHALTET DIE SCHLÜSSELKOMPETENZ?

Selbstverständlich ist es nicht Aufgabe der pädagogischen Fachkräfte, für alle Bereiche Ziele zu entwickeln. Dazu gibt es die unterschiedlichen Zuständigkeiten und Ressourcen. Eindeutig liegen die Kompetenzen von Erzieher*innen im Bereich pädagogischer Ziele. Von ihnen wird gefordert, dass sie in der Lage sind,

- Bedürfnisse, Interessen, Anliegen und Notwendigkeiten von Kindern zu erkennen,
- daraus Ziele für Gruppen von Kindern oder einzelne Kinder zu entwickeln,
- sich im Team darüber abzusprechen und zu einem Konsens zu kommen,
- Ziele kompetenzorientiert zu formulieren und dafür geeignete Methoden einzusetzen,
- bei der Umsetzung vereinbarter Ziele konsequent zu sein und diese regelmäßig zu überprüfen.

(Weiter-)Entwicklung der Kompetenz

Die Grundlagen für die Schlüsselkompetenz „Zielorientiertes Handeln“ werden in der Ausbildung erworben. Sie durchzieht alle sechs Handlungsfelder gleichermaßen und ist fester Bestandteil des praktischen Teils der Ausbildung. Folgende Aspekte werden dabei berücksichtigt:

- Ziele können als Anforderung formuliert werden. Beispiel: „Die Kinder sollen die vier Grundfarben unterscheiden und diese auch benennen können.“ Offen bleibt, ob jedes Kind dazu in der Lage ist.
- Ziele können kompetenzorientiert formuliert werden. Beispiel: „Die Kinder unterscheiden die vier Grundfarben und sind in der Lage, diese zu benennen.“ In diesem Fall wird das Ergebnis vorweggenommen, d. h., jedem Kind wird zugetraut, das Ziel zu erreichen.

Die zweite Vorgehensweise setzt eine kompetenzorientierte Grundhaltung der Fachkraft voraus. Sie achtet nicht vordergründig auf mögliche Defizite einzelner Kinder, sondern hat das Bild vom kompetenten Kind verinnerlicht und handelt danach. Eine gute Orientierung, um pädagogische Ziele für die verschiedensten Bereiche zu formulieren, bietet der Nationale Kriterienkatalog (vgl. Tietze/Viernickel 2016). Dieser beinhaltet 21 Qualitätsbereiche und 6 Leitgesichtspunkte, in denen das „Wie" der konkreten Gestaltung der pädagogischen Arbeit beschrieben wird. Mit den 21 Qualitätsbereichen sollen alle Dimensionen, die maßgeblich für die Qualität einer Kita sind, abgebildet werden. Sie reichen von Kriterien für die Gestaltung von Mahlzeiten über kulturelle Vielfalt bis hin zum Übergang von der Kita in die Schule.

■ **Praxisbeispiel:** Vera B. ist unglücklich. Sie arbeitet seit Kurzem als pädagogische Fachkraft in einer evangelischen Kita, die nach dem teiloffenen Konzept ausgerichtet ist. Ihre Kollegin, Susan S., arbeitet schon seit vielen Jahren in derselben Gruppe. Eigentlich hat es mit den beiden ganz gut angefangen. Vera wurde freundlich empfangen und über alle Bereiche der pädagogischen Arbeit einschließlich der Alltagsgestaltung informiert. Unterschiedliche Vorgehensweisen zeigten sich dann in den Angelegenheiten des Alltags. Wie werden die Mahlzeiten angeboten? Wann dürfen die Kinder den Raum verlassen und sich andere Spielbereiche suchen? Wie wird das Umziehen in der Garderobe geregelt und wie findet die Begrüßung statt?

Diese und noch viele weitere Punkte sorgten für Konflikte, die bald nicht mehr nur auf der Inhaltsebene ausgetragen werden konnten. Immer häufiger wurde die Leiterin hinzugerufen, die sich zunehmend in der Rolle der Schiedsrichterin wiederfand. Sie engagierte eine Mediatorin für die beiden Erzieherinnen. In den Sitzungen forderte diese die beiden Fachkräfte auch dazu auf, ihre grundsätzlichen Ziele für ihre pädagogische Arbeit zu benennen, und unterstützte sie dabei, diese kompetenzorientiert zu formulieren. Daraus ergab sich für die beiden Kolleginnen eine veränderte Perspektive, die es ihnen ermöglichte, über die grundsätzliche Ausrichtung ihrer Pädagogik nachzudenken. Es begann ein Prozess der Annäherung, der schließlich zu einer Formulierung gemeinsamer pädagogischer Ziele führte. Auf dieser Grundlage erarbeiteten die beiden Fachkräfte Standards für die einzelnen Dimensionen bzw. Bereiche. Diese Entwicklung zeigte im gesamten Team der Kita eine positive Wirkung. Es wurde ein Klausurtag unter Leitung der Mediatorin organisiert, bei dem es um pädagogische Ziele und deren Umsetzung ging. ■

Gemeinsam Ziele erreichen

Ziele helfen uns, den Weg dorthin zu bestimmen und diesen miteinander zu gehen. Es ist wie bei einer Wanderung, bei der eine Gruppe gemeinsam einen Berg erklimmen will. Am Anfang steht die Auswahl des Gebiets, die Wandergruppe formiert sich. Je nach Schwierigkeitsgrad und Anforderungen entscheiden die Teilnehmer*innen, welche Vorbereitungen nötig sind. Nach eingehender Beschäftigung mit den örtlichen Gegebenheiten orientiert man sich an einer Wanderkarte oder nutzt ein Navigationsgerät. Es ist nicht im Sinn der gemeinsamen Tour, wenn jede*r ihren/seinen eigenen Weg geht oder einzelne Gruppenmitglieder auf der Strecke bleiben. Vielmehr müssen die Kräfte gebündelt werden und die unterschiedlichen Fähigkeiten allen zur Verfügung stehen.

> Dominierend für eine Kita sind fachliche Ziele.

Auch in der Kita steht am Anfang die Zielbestimmung. Dabei orientiert sich das Team an den vorgegebenen Anforderungen (z. B. gesetzlicher Auftrag, Bildungsplan) sowie an den Voraussetzungen, die die Kinder mitbringen. Werden die Ziele klar definiert und wird dafür ausreichend Zeit aufgewendet, erspart sich das Team in der weiteren Arbeit langwierige Diskussionen, da die Notwendigkeit von Arbeitsaufgaben nachvollziehbar wird. Nach außen tritt das Team als Einheit auf und vermittelt dadurch fachliche Kompetenz. Dies wiederum gibt sowohl den Mitarbeiter*innen als auch den Kindern und ihren Eltern Orientierung und Sicherheit. Ziele müssen allerdings immer wieder neu justiert und abgestimmt werden. Gravierende Veränderungen der Gegebenheiten, neue pädagogische Erkenntnisse oder einschneidende Personalwechsel machen stets eine Neuorientierung notwendig.

Zielbestimmung mit der SMART-Methode

Die Schwierigkeit, zu gemeinsamen Zielen zu kommen, liegt oft darin, dass unterschiedliche und vor allem unausgesprochene Vorstellungen über Sinn und Zweck der pädagogischen Arbeit im Raum stehen. Ziele „smart" zu definieren, unterstützt eine strukturierte Reflexion, hilft, Klarheit über gemeinsame Ziele zu bekommen und Abweichungen rechtzeitig festzustellen. Die SMART-Methode setzt sich aus folgenden Aspekten zusammen:

Spezifisch: Ein Ziel ist kein vager Wunsch, sondern wird konkret, präzise und ohne Interpretationsspielraum formuliert. Beispiel: „Auf der Grundlage eines ausgewogenen Selbstwertgefühls entfalten Kinder zunehmend ihre Fähigkeit zu selbstständigem Handeln." Inhalte und Methoden zur Erreichung des Ziels können auf dieser Grundlage als Qualitätsstandards definiert werden, die für alle Fachkräfte verbindlich sind, z. B.: „Den Kindern wird ausreichend Zeit und angemessene Unterstützung gegeben, damit sie sich selbstständig an- und auskleiden können."

Messbar: Es muss überprüft werden können, ob das Ziel erreicht wurde. Oft ist ein Ziel längerfristig angelegt. Dann ist es notwendig, „Meilensteine" einzuplanen und das große Ziel in überschaubare Teilziele zu zerlegen. Auf das o. g. Ziel bezogen könnten z. B. Tätigkeiten benannt werden, die in einem bestimmten Zeitraum von den Kindern selbstständig durchgeführt werden. In der pädagogischen Konzeption der Kita werden meist qualitative Ziele genannt. Hier ist das Team gefordert: Wie lässt sich feststellen, ob sich z. B. die Beziehungen unter den Kindern verbessert haben oder bestimmte Basiskompetenzen ausgebaut wurden? Hierfür sollten auch Instrumente der Zielüberprüfung eingeplant werden wie Befragungen und gezielte Beobachtungen

Akzeptiert: Es genügt nicht, dass die Leitung mit der Zielerreichung positive Bilder verbindet. Sie sollte ihre Mitarbeiter*innen mitnehmen, indem

> Ziele „smart“ zu definieren, hilft, Klarheit über die gemeinsame Ausrichtung zu bekommen.

sie ihnen Raum für eigene Werte und Vorstellungen, aber auch für Zweifel und Befürchtungen lässt. Bei konträren Einstellungen innerhalb des Teams geht es darum, gemeinsam einen Konsens zu entwickeln. Oft sind ausreichende Informationen erforderlich, z. B. wenn im Team unterschiedliche Auffassungen vom Grad der Partizipation von Kindern herrschen. Dann ist eine gemeinsame Fortbildung oder ein Impulsreferat zum Thema hilfreich.

Realistisch: Ein Team sollte sich Ziele stecken, die es fordern, aber auch nicht überfordern. Ziele müssen erreichbar sein, sonst ist die Enttäuschung vorprogrammiert und Energie wird verschwendet. Ein Ziel ist nur dann realistisch, wenn es mit den verfügbaren Ressourcen umgesetzt werden kann. Wenn geeignete Instrumente der Zielüberprüfung konsequent eingesetzt werden, können Ergebnisse hinterfragt, Handlungen darauf abgestimmt und ggf. auch korrigiert werden. Teilziele sind dabei hilfreich. Für das Ziel, die Basiskompetenz „Selbstständigkeit“ zu erlangen, könnte z. B. als Teilziel formuliert werden: „Die Kinder beteiligen sich entsprechend ihrem Entwicklungsstand und ihren individuellen Fähigkeiten am Einrichtungsgeschehen.“ Das Verhalten der Kinder, ob und wie sie sich selbstständig in Partizipationsprozesse einbringen, lässt sich dabei konkret beobachten.

Terminierbar: Richtziele sind oft längerfristig angesetzt, z. B.: „Welche Kompetenzen sollen die Kinder bis zur Einschulung entwickeln?“ Damit solche Zielformulierungen nicht leere Phrasen bleiben, sollten sie zu festgesetzten Zeiten überprüft und im Team evaluiert werden. Manche Ergebnisse können individuell für einzelne Kinder ermittelt werden, beispielsweise durch eine jährliche Sprachstandserhebung.

Verwendete Literatur

Ministerium für Bildung, Kultur und Wissenschaft des Saarlandes (Hrsg.) (2006): Bildungsprogramm für saarländische Kindergärten. Weimar: verlag das netz.

Senatsverwaltung für Bildung, Jugend und Wissenschaft Berlin (Hrsg.) (2014): Berliner Bildungsprogramm für Kitas und Kindertagespflege. Weimar: verlag das netz.

Tietze, W./Viernickel, S. (Hrsg.) (2016): Pädagogische Qualität in Tageseinrichtungen für Kinder. Ein nationaler Kriterienkatalog. Weimar: verlag das netz.

Literatur zur Vertiefung

Christa, H. (o. J.): Definieren Sie Ziele, um die Qualität Ihrer Kita zu sichern. www.kitaleitungswissen.de/organisation-und-verwaltung/kitaplanung-und-entwicklungziele-und-effizienz/detail/definieren-sie-ziele-um-die-qualitaet-ihrer-kita-zu-sichern/

Ellermann, W. (Hrsg.) (2016): Methodik der Bildungsarbeit in Kindertagesstätten. Kinder in der Praxis anregen, unterstützen und fördern. Hamburg: Verlag Handwerk und Technik.

Pfreundner, M. (2017): Teamentwicklung. kindergarten heute – leiten kompakt. Freiburg: Herder.

2. Strukturiertes Arbeiten

Durch die Einführung der Bildungspläne für Kindertageseinrichtungen sind die Aufgaben von Erzieher*innen komplexer und vielfältiger, aber auch zeitintensiver geworden. Dies betrifft sowohl die unmittelbare Arbeit mit den Kindern als auch die mittelbaren Tätigkeiten. Darunter werden „diejenigen Tätigkeiten von pädagogischen Mitarbeiter*innen verstanden, die nicht unmittelbar mit den Kindern verrichtet werden, die jedoch notwendig und sinnvoll sind, um die Anforderungen (...) umzusetzen“ (Schieler/Schneider 2017, S. 13). Sie umfassen beispielsweise die Beobachtung und Dokumentation von Bildungsprozessen, Austausch und Zusammenarbeit im Team, die Gestaltung von Erziehungspartnerschaften mit Eltern, die pädagogische Planung und Evaluation, die Kooperation mit anderen Bildungseinrichtungen und sozialen Diensten, die Qualitätssicherung und -entwicklung im Rahmen des Qualitätsmanagements sowie die Öffnung der Kita in den Sozialraum. Die Umsetzung dieser Aufgaben ist geleitet von einem pädagogischen Handlungskonzept, dem sich die Fachkräfte einer Kita verpflichtet haben. Ohne strukturiertes Handeln kann angesichts der Vielfalt an Aufgaben rasch ein Gefühl der Überforderung auftreten. Die Fähigkeit, strukturiert und zielgerichtet zu arbeiten, ist daher eine erforderliche Schlüsselkompetenz.

Der Aspekt Strukturqualität

Aus dem Bereich der Qualitätssicherung kennen wir den Begriff der Strukturqualität. Diese hat im Rahmen von Qualitätsmanagement – zusammen mit Prozess- und Ergebnisqualität – einen hohen Stellenwert, denn die „realisierte Qualität der pädagogischen Prozesse ist bis zur Hälfte von strukturellen Rahmenbedingungen abhängig“ (Tietze/Viernickel 2016, S. 16). Qualitativ hochwertige pädagogische Arbeit braucht entsprechende Strukturen und Rahmenbedingungen. In der Regel sind diese von Träger und Gesetzgeber vorgegeben, müssen aber von jeder einzelnen pädagogi-

Auch die Arbeit an der Konzeption ist ein Prozess, der strukturiert werden muss

schen Fachkraft mitgetragen und umgesetzt werden. Dazu zählen nach Viernickel/Schwarz (2009):

- „der Erzieher-Kind-Schlüssel bzw. die Fachkraft-Kind-Relation,
- die Gruppengröße,
- die Qualifikation und Berufserfahrung des pädagogischen Personals,
- die Kontinuität/Stabilität des pädagogischen Personals bzw. das Ausmaß der Fluktuation,
- das Raumangebot bzw. Aspekte der Raumgestaltung (qm pro Kind, Anzahl zur Verfügung stehender Räume),
- zur Verfügung stehende Zeiten für Vor- und Nachbereitung der pädagogischen Tätigkeiten sowie für Aufgaben, die keine direkte pädagogische Tätigkeit mit den Kindern umfassen (Zeiten für mittelbare pädagogische Arbeit) sowie
- das Einkommen des pädagogischen Personals“ (S. 10)

Aber auch für die Rahmenbedingen gilt: „Sie beeinflussen die pädagogischen Prozesse, determinieren sie jedoch nicht“ (Tietze/Viernickel 2016, S. 16). Und gerade bei der Umsetzung kommt es entscheidend auf die Fachkraft an!

Konzeptionsarbeit

■ **Praxisbeispiel:** Es ist schon einige Jahre her, dass die pädagogische Konzeption der Kita „Sonnenblume“ entwickelt wurde. Seitdem hat sich vieles verändert. Neue Mitarbeiter*innen sind hinzugekommen, andere haben die Einrichtung verlassen. Gleichzeitig gab es einen Wandel in der Frühpädagogik: weg von einem stark vorgegebenen Tagesablauf und von den Fachkräften geplanten Angeboten hin zu mehr Freiräumen und Entscheidungsmöglichkeiten für die Kinder. Die Kita hat sich für Kinder mit verschiedenen Voraussetzungen geöffnet und unterstützt damit auch Inklusionsprozesse. Das macht eine größere Flexibilität notwendig, gleichzeitig behalten die Fachkräfte die Bildungsziele im Blick. Beobachtungen von Bildungsprozessen nehmen mehr Raum ein und die Auswertung der Ergebnisse beeinflusst das Bildungsgeschehen in der Kita sowie die Zusammenarbeit mit den Eltern, mit denen eine tragfähige Bildungs- und Erziehungspartnerschaft gestaltet wird. Diese Veränderungen bewegen die Leiterin der Kita, die Teammitglieder zu veranlassen, sich mit der pädagogischen Konzeption auseinanderzusetzen. Dazu wird ein Coach engagiert, der das Team bei der Überarbeitung der Konzeption fachlich begleitet und den Prozess strukturiert.

Schnell wird deutlich, dass vielen Mitarbeiter*innen die Ziele nicht mehr so richtig bewusst sind, ebenso, dass nicht mehr alle Ziele den veränderten Gegebenheiten und qualitativen Ansprüchen entsprechen. Sicherlich haben Ziele wie Entwicklung von Selbstständigkeit und sozialer Kompetenz nach wie vor einen hohen Stellenwert. Doch sie müssen um Aspekte wie z. B. Partizipation und Inklusion erweitert und überdies konkreter und ergebnisorientiert formuliert werden. Die methodische Vorgehensweise im pädagogischen Alltag orientiert sich enger an den gesetzten Bildungszielen. Die Wirkung auf die Kinder wird mithilfe eines strukturierten Beobachtungsbogens kontinuierlich überprüft und immer wieder evaluiert. Dadurch werden Bedürfnisse und Bedarfe der Kinder erkannt und das pädagogische Angebot entsprechend weiterentwickelt. Durch Übereinstimmung bei den Zielen und den Einsatz strukturierter Vorgehensweisen entwickelt das Team der Kita eine gemeinsame Linie. Auf deren Grundlage können Qualitätsstandards festgelegt werden,

> Ohne strukturiertes Arbeiten kann schnell ein Gefühl der Überforderung entstehen.

was den Austausch erleichtert. Einige Zeit nach Implementierung der neuen Konzeption äußern sich die Fachkräfte überwiegend positiv. Sie haben nun mehr Klarheit über die Wirkung der pädagogischen Arbeit auf die Kinder, gewinnen an Struktur und sparen überdies wertvolle Zeit für den Austausch mit den Kindern. ■

ANFORDERUNGEN AN DIE FACHKRAFT

Um strukturiert arbeiten zu können, bringen pädagogische Fachkräfte bestimmte „Soft Skills" (personale, soziale und methodische Kompetenzen) mit:
- durchdachtes Handeln und Orientierung an Zielen,
- Verantwortungsübernahme, aber auch Abgrenzung gegenüber anderen Aufgabenbereichen,
- Fähigkeit, Aufgaben zu delegieren bzw. delegierte Aufgaben verantwortungsbewusst zu übernehmen,
- angemessenes Eingehen auf aktuelle Ereignisse, aber professionelle Distanz wo nötig,
- realistische Selbsteinschätzung und Bereitschaft zur Reflexion

„Hard Skills" beschreiben berufliche und fachliche Kompetenzen. Bezogen auf strukturiertes Arbeiten in der Kita, sind damit folgende Fähigkeiten gemeint: Erzieher*innen sind in der Lage,
- sich auf theoretische Handlungskonzepte und konkrete Beobachtungen bei Kindern zu beziehen,
- daraus Ziele zu erkennen und zu formulieren,
- geeignete Methoden der Umsetzung zu kennen und diese einzusetzen,
- das eigene Handeln dabei zu kommunizieren und transparent zu machen,
- Ziele und Wirksamkeit der Methoden mit geeigneten Instrumenten zu überprüfen und
- das pädagogische Handeln darauf abzustimmen.

Öffnung braucht Struktur

Zunächst erscheint es widersprüchlich: Der Alltag in der Kita soll den Kindern mehr Freiräume und Entscheidungsmöglichkeiten bieten, Erzieher*innen sollen sich mehr zurückhalten und weniger vorgeben. Der von den Fachkräften vorstrukturierte Tagesablauf weicht also den aktuellen Bedürfnissen und Interessen der Kinder. Aber: Mehr Öffnung braucht mehr Struktur, Kommunikation und Zusammenarbeit im Team. Sind diese Voraussetzungen nicht gegeben, breiten sich schnell Chaos und Unsicherheit bei Kindern, Eltern und Mitarbeiter*innen aus. Die Schlüsselkompetenz „Strukturiertes Arbeiten" erfüllen pädagogische Fachkräfte, die
- sich gemeinsamen Zielen verpflichtet fühlen und
- Verantwortung für deren Umsetzung übernehmen,
- offen und wertschätzend (auf fachlicher Ebene) miteinander kommunizieren,
- sich an der Entwicklung gemeinsamer Vorgehensweisen aktiv beteiligen und
- sich daran halten,
- sich konstruktiv (durchaus auch kritisch) mit Zielen und Methoden auseinandersetzen,
- regelmäßig beobachten und daraus die notwendigen Konsequenzen (in Abstimmung mit den Kolleg*innen) ziehen,
- regelmäßig an Teamsitzungen teilnehmen bzw. sich, falls nicht möglich, über die Ergebnisse informieren,
- eine kontinuierliche und wertschätzende Zusammenarbeit mit den Eltern planen und gestalten,
- ihre Kompetenzen und Befugnisse nutzen, um mit anderen Stellen und Einrichtungen zusammenzuarbeiten.

Struktur darf nicht zum Zwang werden

So wichtig das strukturierte Arbeiten auch für die professionelle Durchführung des Erziehungs-, Bildungs- und Betreuungsauftrags ist, so muss den einzelnen Fachkräften doch genügend Freiraum und Handlungsautonomie eingeräumt werden. Menschen, vor allem Kinder, lassen sich nicht in Schemata pressen, für die man immer eine standardisierte (vorstrukturierte) Handlungsanweisung parat hat. Pädagogische Fachkräfte brauchen immer auch die Möglichkeit, auf Situationen wie z. B. Konflikte mit Eltern oder Kindern spontan und authentisch zu reagieren. So müssen sie einem Kind durchaus mal klare Grenzen setzen, eigene Gefühle zeigen und deutlich benennen, was nicht geht. Und das auch dann, wenn in der Pädagogik der Einrichtung die Prämisse vorherrscht, Stärken zu benennen, Entwicklungsmöglichkeiten zu sehen und über Konflikte zu sprechen.

Die Naturpädagogin Ingrid Schlögel beschreibt dazu folgende Situation: „Wenn ein dreijähriges Kind gelernt hat, dass es seine Mutter treten kann, wenn es zornig ist, dann hilft reden oft nicht. Ich sage zwar meine Regel: ‚Ich lasse nicht zu, dass du mir weh tust', gleichzeitig halte ich das tretende Bein aber auch fest. Das Kind muss ja eine Impulskontrolle lernen und bis es das von sich aus kann, unterstütze ich es von außen" (Schlögel 2010, S. 134f.). Aber über die eigenen Reaktionen nachzudenken und sich mit Kolleg*innen darüber auszutauschen, ist immer möglich. Und das ist dann wieder eine Struktur, die man sich selbst geben kann.

Verwendete Literatur

Schieler, A./Schneider, A. (2017): Ermittlung von Zeiten für die mittelbare pädagogische Arbeit und Leitungstätigkeiten in Kindertageseinrichtungen im Bistum Limburg. Limburg/Lahn: Verlag des Bischöflichen Ordinariats.

Schlögel, I. (2010): Natürliche Pädagogik. Mit den Kindern von heute in Liebe wachsen. Ahlerstedt: Param.

Tietze, W./Viernickel, S. (Hrsg.) (2016): Pädagogische Qualität in Tageseinrichtungen für Kinder. Ein Nationaler Kriterienkatalog. Weimar: verlag das netz.

Viernickel, S./Schwarz, S. (2009): Schlüssel zu guter Bildung, Erziehung und Betreuung. Wissenschaftliche Parameter zur Bestimmung der pädagogischen Fachkraft-Kind-Relation. www.gew.de/index.php%3FeID=dumpFile&t=f&f=26405&token=d4c11a627e9b10904f97f9166f06a2593ef47c94&sdownload=

Literatur zur Vertiefung

Engelhardt, A./Bertelsmann Stiftung (2012): Die gute, gesunde Kita gestalten. Band 3: Stärken entdecken, Ziele setzen, Maßnahmen festlegen. www.bertelsmann-stiftung.de/fileadmin/files/BSt/Publikationen/GrauePublikationen/guteGesundeKita_Heft3_Staerken__Ziele__Massnahmen.pdf

Münnich, S. (2016): Planung im pädagogischen Alltag. In: klein & groß, 6/2016, S. 56–59.

TPS – Theorie und Praxis der Sozialpädagogik (2019): Tagesabläufe. Feste Struktur oder lockerer Rahmen, 2/2019. Stuttgart: Klett-Cotta.

3. Reflexion und Evaluation

Es ist eine ganz besondere Fähigkeit des Menschen, sich unterschiedlichsten Situationen und Gegebenheiten anzupassen. Dies ist uns unter anderem dadurch möglich, dass wir in der Lage sind, über unser Verhalten nachzudenken und unsere Impulse zunehmend bewusst zu steuern. Jemanden, der nicht nur reaktiv, sondern reflektiert handelt, kann man als gereifte Persönlichkeit betrachten, die eine hohe soziale Kompetenz mitbringt. Reflexion – das Nachdenken über die eigenen Handlungen und Empfindungen – erfolgt zwar meist intuitiv, kann jedoch auch bewusst angeregt und durchgeführt werden. In der Pädagogik ist eine differenzierte Reflexionsfähigkeit eine wesentliche Voraussetzung für professionelles pädagogisches Handeln.

Reflexion ist eine grundlegende Lerntechnik: Gemachte Erfahrungen werden dabei erinnert und auf andere Erlebnisse, Emotionen, Beobachtungen etc. bezogen. Diese werden in Verbindung mit dem bestehenden Wissensschatz und dem eigenen Selbstbild gebracht, wobei Widersprüche und kritische Fragen aufkommen können. Das eigene Verhalten wie auch das Verhalten anderer kann dabei neu bedacht, dadurch besser verstanden und in Bezug zu alternativen Handlungsoptionen gesetzt werden. Meist steht dabei die Selbstreflexion im Mittelpunkt der Aufmerksamkeit. „Selbstreflexivität zählt zu den Kernkompetenzen pädagogischer Fachkräfte. Selbstreflexivität kann als habituelle Orientierung betrachtet werden, die tief in der Lebensgeschichte eines Menschen verankert ist und die im Kontext von Professionalisierungsprozessen einsozialisiert werden muss“ (Nentwig-Gesemann et al. 2012, S. 26).

Ein persönlicher Prozess

Menschen sind durch ihre Erfahrungen von frühester Kindheit an geprägt. Diese beeinflussen den Umgang mit Alltagssituationen und anderen Menschen und führen mitunter zu unbewussten, manchmal auch impulsiven Reaktionen. Für pädagogische Fachkräfte ist es daher besonders wichtig, sich mit den eigenen Prägungen und Verhaltensmustern auseinanderzusetzen. „Individuelle Erlebnisse und Erfahrungen

PROFESSIONELLE SELBSTREFLEXION

Reflexion bezieht sich zunächst auf die eigene Persönlichkeit im beruflichen und gesellschaftlichen Kontext. Nach dem Kompetenzmodell der Ev. Hochschule Freiburg (vgl. Fröhlich-Gildhoff et al. 2014, S. 26) werden dabei verschiedene Ebenen unterschieden:

- Wissen über Biografie: Wissen über Biografie, die sich lebenslang weiterentwickelt und Einfluss auf das pädagogische Wirken hat; Wissen darüber, dass sich in einer Biografie historische, gesellschaftliche, kulturelle, familiäre und individuell-persönliche Erfahrungen wiederfinden
- Reflexion eigener biografischer, familiärer und milieuspezifischer Erlebnis- und Erfahrungshintergründe, Haltungen und Einstellungen: Reflexion eigener Vorurteile und Ausgrenzungstendenzen; Reflexion der eigenen sozialen Herkunft und, damit verbunden, der Einstellung zu anderen Kulturen, Religionen und Lebensgewohnheiten; Reflexion eigener Denkmuster; Reflexion des eigenen Autoritätsverhaltens; Reflexion über die Zusammenhänge von Macht und Ungleichheit in der Gesellschaft und Bewusstsein über die eigene Beteiligung daran
- Reflexion der eigenen Emotionen und Kognitionen: Reflexion eigener Emotionen, Gedanken, Bedürfnisse; Auseinandersetzung mit Ängsten und Befürchtungen; Reflexion der Gefühle von Irritation, Abwehr und Aggression
- Reflexion über persönliche Stärken und Ressourcen: Reflexion über eigene Stärken, Vorlieben, persönliche Ressourcen im Umgang mit Kindern, Eltern und Kolleg*innen; Reflexion über eigenen Bewältigungsstrategien in besonderen Lebenssituationen, die eigene Resilienz

beeinflussen auch die Haltungen frühpädagogischer Fachkräfte. Ihre Handlungspraxis ist geprägt von der eigenen familiären Sozialisation und ‚Betreuungsbiografie‘ sowie von einem persönlichen Bild von Elternschaft, Familie und Kindheit. Die Haltungen, Orientierungen und Einstellungen entfalten jedoch häufig unreflektiert ihre Wirkung. Im professionellen Kontext müssen die handlungsleitenden Orientierungen daher immer wieder kritisch und mit Bezug zur eigenen Biografie reflektiert werden" (ebd., S. 17). Sich mit den eigenen Erfahrungen auseinanderzusetzen, braucht manchmal auch Mut und Zuversicht. Gerade dann, wenn diese schwierig waren. Lieber möchte man dann wegschauen und sich nicht dem Schmerz und der Verletzung stellen. Werden diese Erfahrungen und die damit verbundenen Gefühle aber verdrängt, melden sie sich an anderer Stelle wieder, z. B. in Form von Widerstand, Abwehr, Ängsten und Aggressionen, die dann vor allem in Stresssituationen unreflektiert bei Kindern oder Kolleg*innen abgeladen werden. Dies kann zu Verstrickungen führen, die nur schwer wieder zu lösen sein.

■ **Praxisbeispiel:** Martin O. arbeitet seit 12 Jahren als Erzieher in einem offen geführten Kinderhaus. Seinem Beruf geht er mit viel Engagement und Freude nach. Für seine offene und freundliche Art wird er von den Teamkolleg*innen sehr geschätzt. Allerdings hat er damit zu kämpfen, dass er in Stresssituationen rasch die Kontrolle verliert und Kinder, die etwas von ihm brauchen, dann auch mal barsch abfertigt. Auch bei einigen Kolleg*innen ist dies nicht unbemerkt geblieben. In einer Teamfortbildung zum Thema „Lernmethodische Kompetenz" bietet die Referentin den Teilnehmer*innen die Gelegenheit, sich mit der eigenen Bildungsbiografie auseinanderzusetzen. Jeweils drei Personen berichten sich gegenseitig von ihren schulischen Erfahrungen. Als Martin an der Reihe ist, stockt er und muss heftig schlucken. Bilder aus seiner Grundschulzeit kommen hoch. Sichtlich bewegt erzählt er seinen Kolleginnen, wie er als Schüler vor der ganzen Klasse beschämt und gedemütigt wurde, wenn er eine Aufgabe an der Tafel nicht bewältigte. Das Resultat waren weitere Blockierungen, bis er schließlich zu keiner Reaktion mehr fähig war, wenn er nach vorn gerufen wurde. Martin litt unter hohem Stress, der zu totaler Anspannung führte. Erst später entlud sich diese gegenüber Mitschüler*innen oder seinen jüngeren Geschwistern. Die Ursache für diese impulsiven Reaktionen konnte sich damals niemand erklären. Heute, aus der Distanz, wird ihm plötzlich der Zusammenhang klar – nicht zuletzt auch durch die empathische und verständnisvolle Begleitung seiner beiden Kolleginnen. Mit den damals erlittenen Verletzungen wird er sich sicherlich noch weiter auseinandersetzen. Aufgrund dieser Erkenntnis entschließt sich Martin, an einem Kurs zur Stressbewältigung teilzunehmen. ■

> Voraussetzungen für die Reflexion im Team sind Wertschätzung und Akzeptanz.

Fachliche Reflexion

Selbstreflexion führt oftmals dazu, dass die Motivation wächst, gemeinsam nach Lösungen zu suchen und Vorgehensweisen miteinander im Team zu tragen. Voraussetzung dafür ist eine Atmosphäre von Wertschätzung und Akzeptanz, die es den Teammitgliedern ermöglicht, sich untereinander über die Erkenntnisse der Selbstreflexion offen auszutauschen. Letztendlich wirkt sich dies auf die Qualität der pädagogischen Arbeit und der Zusammenarbeit im Team aus.

Insbesondere geht es im pädagogischen Kontext aber um die Bereitschaft jedes Teammitglieds zur fachlichen Reflexion. Unter anderem sollte deshalb jede Fachkraft die personale Kompetenz mitbringen, Kritik konstruktiv zu äußern und diese auch annehmen zu können. Dabei ist natürlich immer auch die Beziehungsebene angesprochen. Der Kommunikationsforscher Paul Watzlawick stellt dar, dass jede Kommunikation einen Inhalts- und einen Beziehungsaspekt enthält (vgl. Watzlawick et al. 2016). Erzieher*innen sollten in der Lage sein, diese beiden Ebenen nicht zu vermischen. Dies gelingt dann, wenn die eigenen Verhaltensmuster und mögliche Verletzungen aus der Vergangenheit durch den zuvor beschriebenen Prozess der Selbstreflexion angeschaut und verstanden wurden.

■ **Praxisbeispiel:** Als im Team der Kita „Rappelkiste" über die konkrete Umsetzung von Partizipation reflektiert wird, platzt der Erzieherin Rita K. der Kragen: Sie tue doch schon alles, und was jetzt diese Kritik an ihrer pädagogischen Arbeit soll?! Die Kolleg*innen sind irritiert, denn die Teamreflexion über das bisherige Vorgehen und die Vorschläge zur Veränderung enthielten ja keinen persönlichen Vorwurf an Rita. Die Leiterin, die den Reflexionsprozess moderiert, fragt nach: „Wie meinst du das, Rita, was ist bei dir angekommen?" Rita erklärt, noch immer erregt, dass jetzt wieder Anforderungen auf sie zukämen, wo doch in ihrer Gruppe derzeit eine so gute Atmosphäre herrsche. Die Leiterin bestätigt sie: „Das ist mir schon seit einiger Zeit aufgefallen, wie angenehm es ist, wenn man in deine Gruppe kommt." Einige Kolleg*innen pflichten ihr bei: „Erzähl doch mal, was macht das denn aus? Was hat sich in eurer Gruppe verändert?" Im Verlauf des Berichts und durch gezieltes Nachfragen kristallisiert sich heraus, wie viel Beteiligungsmöglichkeiten in Ritas Gruppe bereits gegeben sind. Dabei wird auch deutlich, wie positiv

METHODEN FÜR DIE SELBSTREFLEXION

Tagebuch

Das Tagebuch ist ein bewährtes Mittel zur Selbstreflexion. Alles, was man dafür benötigt, ist ein bisschen Zeit an jedem Tag. Dabei geht es um authentisches Schreiben ohne Anspruch auf Vollständigkeit und Perfektion.

Brief an mich

Der „Brief an mich" ist eine schöne Methode, um die Selbstreflexion gleich zu zwei verschiedenen Zeitpunkten zu fördern: beim Schreiben und beim späteren Lesen. Inhalte des Briefes können z. B. sein: wie es mir gerade in meiner Arbeit geht, was mich beschäftigt, was mir gutgetan hat, wo ich Erfolg hatte, wo sich Probleme zeigen und wie ich damit umgehe. Schließlich steckt man den Brief in ein Kuvert, adressiert und frankiert ihn. Ein*e vertraute*r Kolleg*in wird gebeten, den Brief aufzubewahren und nach einer gewissen Zeit (z. B. ein halbes Jahr später) einzuwerfen.

Selbstbild malen

Das Selbstbild ist eine gute Möglichkeit für kreative Selbstreflexion. Ziel ist eine Momentaufnahme der eigenen Person und der eigenen Gefühle. Es geht nicht darum, ein besonders schönes Bild zu gestalten, sondern sich selbst auszudrücken. Die Gestaltung ist ganz frei – egal, ob Strichmännchen oder abstraktes Acrylfarben-Kunstwerk. Die Übung kann erweitert werden, indem zwei Bilder gemalt werden: eines, wie man sich selbst tatsächlich sieht, und ein Idealbild, das man von sich selbst hat.

Methoden für die Reflexion im Team

Um von der intuitiven Reflexion in eine bewusste Auseinandersetzung zu gelangen, gibt es passende Einstiegsübungen.

Mein roter Faden? So sieht er aus!

Material: Korb mit einem umfangreichen Sortiment an verschiedenen roten „Fäden" (z. B. Wolle, Geschenkbänder, Seile, Absperrband, Bindfäden, Bast, Schnürsenkel, Kordeln, Filz, Tüllstreifen usw.), alle am besten in Rottönen; große runde Moderationskarte oder ausgeschnittenes rundes Plakat

Beispielthema: Wie sieht mein pädagogischer Ansatz aus und wie begründet sich dieser?

In der Mitte des Kreises der Teilnehmer*innen ist das Thema z. B. auf ein rundes Plakat geschrieben. Die Teilnehmer*innen wählen ihren persönlichen „roten Faden" aus, nehmen Stellung zu der Frage in der Mitte und legen ihre „Fäden" wie Strahlen rund um die Fragestellung (Idee angelehnt an Franz 2018).

Impulsfragen

Impulsfragen unterstützen die Selbstreflexion, indem sie die Aufmerksamkeit auf das eigene Erleben und Verhalten lenken. In Kleingruppen kann man sich die Fragen gegenseitig stellen, was ein genaues Nachfragen und Weiterdenken ermöglicht. Hier sind beispielhaft einige Impulsfragen zusammengestellt, die helfen können, sich mit der Beziehung zu Kindern, mit denen man arbeitet, auseinanderzusetzen:

- Was ist im Moment bezüglich meiner Erziehungsaufgabe wirklich wichtig für mich?
- Welche Reaktionen und Verhaltensweisen rufen bestimmte Emotionen bei mir hervor und wie gehe ich damit um?
- Wie bin ich erzogen worden? Was daran hat mich besonders gestärkt, mir gutgetan? Was hat mich gehemmt?
- Was traue ich dem Kind zu? Wie sehen es andere Kolleg*innen?
- Welche Fähigkeit schätze ich besonders an dem Kind? Wie zeige ich es ihm?
- Gibt es Bereiche, in denen ich möglicherweise zu hohe Erwartungen an das Kind habe?
- Welches sind meine (größten) Ängste, meine (größten) Sorgen? Was könnte schlimmstenfalls passieren, wenn ich mehr loslasse, weniger kontrolliere oder Verantwortung abgebe?
- In welchen Situationen sind meine Kolleg*innen entspannter, lockerer? Was kann ich von ihnen lernen?
- In welchen Situationen mit Kindern fühle ich mich überfordert? Wie reagiere ich auf Kinder, wenn ich unter Anspannung oder Stress stehe?
- In welchen Situationen kann ich mich klar und gleichzeitig wertschätzend verhalten und bin mir meiner Rolle bewusst?
- Verstehe ich, was das Kind mit seinen Handlungen ausdrückt? Woran merkt das Kind, dass ich dies wahrnehme? Woran merke ich, dass sich das Kind verstanden fühlt?
- Wann habe ich ein bestimmtes Kind zuletzt nach seiner Meinung oder seinem Einverständnis gefragt? Was hindert mich evtl. daran, das zu tun?
- Woran merke ich am stärksten, dass das Kind eine eigene Persönlichkeit, einen eigenen Willen hat? Welches Gefühl löst diese Erkenntnis bei mir aus?
- Sorge ich ausreichend gut für mich selbst? Wo sind meine persönlichen Grenzen und wie gehe ich in der Kita damit um?
- Was gibt mir im Rahmen meiner pädagogischen Arbeit am meisten zurück?

sich dies auf die Atmosphäre auswirkt. Die Leiterin erklärt: „Genau diese Erfahrungen, Rita, sind für uns alle hilfreich. Da ist vielleicht bei dir etwas falsch angekommen. Es geht in unserer Reflexion nicht um einen Appell zu mehr Partizipation, sondern darum, wie wir alle sie umsetzen können." Rita wirkt erleichtert und kann jetzt wieder auf der Inhaltsebene mitdiskutieren, ohne sich auf der Beziehungsebene angegriffen zu fühlen. ■

Reflexion im Team

Für die Reflexion im Team ist eine moderierte und strukturierte Vorgehensweise wegweisend für den Erfolg. Hierzu gibt es verschiedene Methoden wie z. B. die kollegiale Beratung (s. Pfreundner 2014), aber auch anschauliche Übungen wie z. B. „Mein roter Faden", die durch das Geschehen führen (s. Methoden S. 32). In der Regel steht nicht allzu viel Zeit zur Verfügung, deshalb sollte ein Team eine einheitliche Vorgehensweise etablieren, die von den Teammitgliedern allmählich verinnerlicht wird und dann auch, auf das Wesentliche fokussiert, durchgeführt werden kann (vgl. Renoldner et al. 2014). Zunächst empfiehlt es sich, eine Moderatorin bzw. einen Moderator zu bestimmen, die oder der durch den Prozess führt. Eine Person führt Protokoll, in dem die wesentlichen Punkte und Ergebnisse festgehalten werden. Ein Vorgehen in folgenden Schritten hat sich bewährt:

1. Beschreibung: Welche Situation(en) wurde(n) beobachtet oder beschäftigen uns?
2. Persönlicher Bezug: Kurzes Statement jedes Teammitglieds dazu. Hier können Wahrnehmungen, Gedanken und Emotionen frei und unkommentiert geäußert werden.
3. Ziel: Was möchten wir heute miteinander erreichen, wo möchten wir hin?
4. Qualität: Was bedeutet dies für die Qualität unserer pädagogischen Arbeit?
5. Schlussfolgerung: Was sollten wir beibehalten, was sollten wir verändern?
6. Konsequenzen: Was davon setzen wir um, wie gestalten wir in Zukunft unsere gemeinsame Vorgehensweise dazu?
7. Evaluation: Wie überprüfen wir die Wirkung?

Kern der Schlüsselkompetenz

Kern dieser Schlüsselkompetenz ist es, die eigenen Reaktionen und Handlungen zu hinterfragen und den persönlichen Bezug dazu in einem Prozess der Selbstreflexion herzustellen. Dies geht mit der fachlichen Reflexion von Situationen, die im Alltagsgeschehen mit Kindern, Eltern oder Kolleg*innen auftauchen und besonderer Aufmerksam bedürfen, einher. Pädagogische Fachkräfte sind in der Lage, den eigenen Anteil zu erkennen und anderen wertfrei zuzuhören. Sie können Beziehungs- und Inhaltsebene unterscheiden und sich konstruktiver Kritik stellen. Bei der Reflexion von pädagogischen Situationen gelingt es ihnen, diese kritisch nachzuvollziehen, sich an Lösungs- und Klärungsprozessen konstruktiv zu beteiligen und sich dabei an eine gemeinsam vereinbarte Struktur zu halten. Fachkräfte, die zu solch einer professionellen Reflexion fähig sind, tragen ganz entscheidend zu einer konstruktiven Teamarbeit und Qualität der pädagogischen Arbeit bei.

> Kern dieser Kompetenz ist es, die eigenen Reaktionen und Handlungen zu hinterfragen.

Verwendete Literatur

Franz, M. (2018): 55 Methoden für erfolgreiche Teamsitzungen und Elternabende in der Kita. München: Don Bosco.

Fröhlich-Gildhoff, K./Weltzien, D./Kirstein, N./Pietsch, S./Rauh, K. (2014): Expertise Kompetenzen früh-/kindheitspädagogischer Fachkräfte im Spannungsfeld von normativen Vorgaben und Praxis. Freiburg: Zentrum für Kinder- und Jugendforschung.

Nentwig-Gesemann, I./Fröhlich-Gildhoff, K./Harms, H./Richter, S. (2012): Professionelle Haltung – Identität der Fachkraft für die Arbeit mit Kindern in den ersten drei Lebensjahren. Eine Expertise der Weiterbildungsinitiative Frühpädagogische Fachkräfte (WiFF). München: DJI.

Pfreundner, M. (2014): Die kollegiale Beratung. In: kindergarten heute – das leitungsheft, 1/2014, S. 23–27.

Renoldner, C./Scala, E./Rabenstein, R. (2014): einfach systemisch! Systemische Grundlagen & Methoden für Ihre pädagogische Arbeit. 5. Aufl., Münster: Ökotopia.

Watzlawick, P./Beavin, J. H./Jackson, D. D. (2016): Menschliche Kommunikation. Formen, Störungen, Paradoxien. 13. Aufl., Bern: Hogrefe.

Literatur zur Vertiefung

Brandt, M. (2019): Gewohnheiten ändern. Hamburg: J. Loewenstein.

Klingenberger, H. (2020): Schön, dass es mich gibt. Bildkarten zur Biografiearbeit. München: Don Bosco.

Knauer, R./Kägi, S./Bienia, O./Ben-Sabeur, N. (2021): Pädagogische Qualität in der Kita. Reflexionsfragen, Praxisbeispiele, Impulse für den pädagogischen Alltag. 2. Aufl., München: Don Bosco.

Lutgen, P./Lüdicke, L./Merk, T. (2019): Tausend Fragen. Inspirationen für das Kita-Team. Freiburg: Herder.

Pölzl-Stefanec, E./Eichen, L. (2019): Beobachten und sich austauschen. Der Reflexionszirkel – eine Anleitung fürs Team. In: kindergarten heute, 6–7/2019, S. 16–18.

IV

Zusammenarbeit und Kooperation

Für eine gute Zusammenarbeit im Team benötigen pädagogische Fachkräfte Feingefühl, Loyalität und kommunikative Fähigkeiten, für die Zusammenarbeit mit Eltern zusätzlich Beratungskompetenz. Der Gesetzgeber sieht darüber hinaus auch die Kooperation mit kinder- und familienbezogenen Institutionen, Tagespflegepersonen sowie Schulen vor.

1. Beratungskompetenz

Beratung wird als „bewusster Ausgleich eines Wissens- und Einsichtsgefälles" (Sauer/Retaiski 2017, S. 119) definiert und als problemzentrierte Interaktion zwischen Ratsuchenden und Beratenden (vgl. Hick 2014) beschrieben. Es liegt also im Wesen von Beratung, dass ein Gefälle zwischen den Beteiligten besteht. Diese sogenannte Expertenberatung (vgl. Hölscher 2010) stellt eine spezifische Form von Beratung dar. Im Kontext der Erziehungspartnerschaft mit Eltern irritiert das aber zunächst, denn mit ihnen auf Augenhöhe zusammenzuarbeiten, wird als ideale Voraussetzung gesehen, um Kindern optimale Entwicklungs- und Bildungsmöglichkeiten zu garantieren. Zudem ist eine partnerschaftlich orientierte Zusammenarbeit von Erzieher*innen mit den Eltern in den meisten Bildungsplänen der Länder festgeschrieben und hat somit einen gesetzlichen Status. Gleichzeitig – und im Widerspruch dazu – setzt man vonseiten des Gesetzgebers (vgl. §1 SGB VIII) auf eine kompetente Beratung durch pädagogische Fachkräfte, also auch auf ein Gefälle zwischen beratenden Fachkräften und ratsuchenden Eltern (vgl. Kägi et al. 2019, S. 14). Auch bei der Expertenberatung sollte die Fachkraft eine erkundende Haltung einnehmen, die Situation, Interesse und Bedürfnisse der Eltern einbezieht. Dies kann z. B. dadurch geschehen, dass sie zunächst einmal nach den Vorstellungen der Mütter und Väter fragt, Gemeinsamkeiten und Unterschiede aufzeigt und ggf. übereinstimmende Sichtweisen herausarbeitet.

Beratung in Erziehungsfragen

Gerade in Fragen der „richtigen" Erziehung kann es jedoch heikel werden. Eltern haben dann möglicherweise das Gefühl, dass ihre Kompetenz, die eigenen Kinder zu erziehen, infrage gestellt werden könnte. Speziell in Situationen, in denen es um Erziehungsfragen geht, gilt es, das Gespräch auf Augenhöhe zu führen. Dabei hilft die Coaching-Technik, den/die Ratsuchende*n in einem dialogischen Prozess dabei zu begleiten, das eigene Potenzial zu aktivieren. „Coaching ist etwas anderes als die Beratung durch einen Viel-Wissenden, der einem Nicht-so-viel-Wissenden mehr oder weniger subtil zu verstehen gibt, was er tun sollte. Ganz schlicht gesagt ist Coaching eine Art Hilfe zur Selbsthilfe" (Hölscher 2010, S. 2). Am folgenden Beispiel soll der Anteil von Expertenberatung und Coaching veranschaulicht werden.

■ **Praxisbeispiel:** Frau und Herr Munert haben einen Gesprächstermin mit Beate D., der Leiterin des Kinderhauses „Sonnenschein". Ihr Anliegen ist es, die weitere Förderung ihrer 5-jährigen Tochter Nicole zu besprechen. Sie machen sich Sorgen wegen ihres Entwicklungsrückstandes von ca. 6 Monaten und ihrer stillen und zurückgezogenen Art anderen Kindern gegenüber. Beate D. teilt die Sorge – es ist nicht das erste Gespräch über dieses Thema –, kann aber auch über Entwicklungsfortschritte des Mädchens berichten. Trotzdem sind sie sich einig, eine weitere Förderung anzuvisieren. Die Leiterin berät die Eltern zunächst bezüglich der Möglichkeiten von Ergotherapie. Dies geschieht in Form von Expertenberatung, da es erst einmal um Aufklärung und Information geht. Um aber mehr über die Erwartungen und Befürchtungen der Eltern zu erfahren, ist es hilfreich, sich mehr auf die Ebene der Eltern zu begeben, das Gefälle, das die Expertenberatung kennzeichnet, aufzulösen und in die Beratungsform des Coachings zu wechseln. Dies geschieht, indem Beate D. sich nun einfühlsam nach der Befindlichkeit der Eltern dazu erkundet. So öffnet sie den Raum, um die Sorgen und Belastungen der Eltern zu besprechen, Erwartungen und Hoffnungen zu benennen und gemeinsam eine realistische Zielvorstellung zu entwickeln, die das Kind nicht überfordert. Nach dem Beratungsgespräch wirken die Eltern sicherer und zuversichtlicher und äußern, dass sie sich gut aufgehoben fühlen. ■

> Auch bei der Expertenberatung sollte die Fachkraft eine erkundende Haltung einnehmen.

Beratungsgespräche gestalten

Für Beratungsgespräche in der Kita sollte immer ein Termin vereinbart werden. Dies ermöglicht einen ungestörten und vertraulichen Rahmen sowie ggf. die Vorbereitung der Fachkraft. Ein durchdachter Ablauf gibt dem Gespräch Struktur und Orientierung. Professionelle Gesprächsführung im Kontext von Elternberatung setzt eine bestimmte Haltung voraus. Eine gute Orientierungsmöglichkeit bietet hier die „Personenzentrierte Gesprächsführung“ nach Carl Rogers (vgl. Tausch/Tausch 1979, S. 27):

- Akzeptanz meint die bedingungslose Wertschätzung der Eltern mit ihren Fähigkeiten und Schwierigkeiten sowie individuellen Ausdrucksmöglichkeiten und Eigenheiten.
- Empathie bezeichnet das einfühlsame Verstehen der Sichtweise der Eltern. Nicht jede Verhaltensweise oder jedes Gefühl von Eltern ist auf Anhieb zu verstehen. Hier hilft es, nachzufragen, was die Eltern mit ihrer Aussage genau meinen.
- Echtheit: Beratende sollten authentisch auftreten. Sie lassen ihre Gefühle und Wahrnehmungen zu, behalten ihre Überzeugung und drücken dies in angemessener Weise aus.

Ich-Botschaften eignen sich für die Umsetzung dieser Haltung. Beispielsweise könnte Lauras Erzieherin zur Mutter sagen (s. nachfolgendes Praxisbeispiel): „Frau Schneider, ich erlebe Sie oft sehr angespannt, wenn Sie Laura morgens in die Kita bringen. Das beunruhigt mich etwas und ich würde gerne mit Ihnen darüber sprechen.“ Ergänzend dazu halte ich die Wahrung von professioneller Distanz in Beratungsgesprächen für einen wesentlichen Gelingensfaktor. Beratende achten darauf, sich von den Gefühlen der Eltern abzugrenzen, sich nicht darin zu verstricken, sondern bei der eigenen Wahrnehmung und den eigenen Empfindungen zu bleiben. Leichter gelingt dies, wenn sie die Techniken des Widerspiegelns und aktiven Zuhörens anwenden (s. Übungen S. 37).

■ **Praxisbeispiel:** Frau und Herr Schneider bringen ihre 5-jährige Tochter Laura morgens abwechselnd in die Kita – oft zu spät. Die Erzieherin Marie L. hat den Eindruck, dass besonders die Mutter dabei häufig abgehetzt wirkt und unter großer Spannung steht. Sie spricht Frau Schneider daraufhin an: „Ich erlebe Sie oft sehr gestresst am Morgen. Wie geht es Ihnen denn?“ (Technik: Widerspiegeln, s. Übungen). Lauras Mutter antwortet, dass ihr schon klar sei, dass sie oft zu spät dran seien. Aber Laura käme abends oft viel zu spät ins Bett und dann am Morgen nicht raus. Es sei ihr bewusst, dass sie und ihr Mann dies ändern müssten, aber es klappe einfach nicht. Marie L. bietet ein Termingespräch mit den Eltern an. Im Gespräch fragt sie auch nach der Situation am Abend. Dazu nutzt sie die sogenannte zirkuläre Befragungstechnik: „Wie geht es Ihnen dabei?“, „Wie erlebt Ihr Mann die Situation?“ und „Wie reagiert Laura?“. Dabei wird deutlich, dass Herr Schneider darunter leidet, im Alltag zu wenig Zeit für seine Tochter zu haben, und dies nach einem oft langen Arbeitstag am Abend nachholen möchte. In letzter Zeit häufen sich dabei jedoch auch die Konflikte zwischen Tochter und Vater, da er sehr angespannt nach Hause komme und Laura abends oft überdreht sei. Marie L. wendet sich an Herrn Schneider: „Wie wünschen Sie sich diese Zeit? Was brauchen Sie? Was braucht Laura?“ Herr Schneider spricht den inneren Konflikt an, dass er eigentlich eine Ruhephase benötigt, aber auch gerne noch Zeit mit seiner Tochter verbringt. Die Erzieherin überlegt laut, ob Laura zu dieser Tageszeit eventuell auch mehr Ruhe benötigt. Vielleicht ist beides möglich: eine gemeinsame und entspannte Zeit für Vater und Tochter? Damit gibt sie einen Impuls, lässt aber offen, ob die Eltern diesen aufgreifen oder nicht. Dadurch angeregt entwickeln Lauras Eltern die Idee, ein gleichbleibendes Ritual für das Zubettgehen einzuführen, das überwiegend vom Vater durchgeführt wird. Auf die Frage von Frau Schneider, wie solche Rituale gestaltet werden können, beschreibt Marie L. einige Rituale aus dem Kita-Alltag. Dadurch kann sie eine Reihe von Möglichkeiten aufzeigen. In den nächsten Tagen berichtet Frau Schneider erfreut von dem neuen familiären Ritual. ■

> Ein durchdachter Ablauf gibt dem Gespräch Struktur und Orientierung.

Bei dieser Form von Beratung übernimmt die Erzieherin die Rolle der einfühlsamen Begleiterin. Sie gibt keine Ratschläge und äußert an keiner Stelle eine Meinung. Ihr Anliegen ist es vielmehr, dass die Eltern ihren eigenen Lösungsweg entwickeln. Dadurch bewahren sie ihre Würde und Kompetenz und das Verhältnis zwischen Eltern und Fachkraft bleibt auf der partnerschaftlichen Ebene.

Welche Fähigkeiten gehören dazu?

Beratung ist ein vielschichtiges Instrument und kann auch sehr unterschiedlich gehandhabt werden. Da Beratung zu den Aufgaben pädagogischer Fachkräfte gehört, werden bestimmte Voraussetzungen benötigt. Beratungsgespräche zu führen und die eigene Rolle und Haltung dazu zu reflektieren, ist fester Bestandteil der Erzieher*innen-Ausbildung. Methoden der Gesprächsführung gehören zum Grundinventar einer pädagogischen Fachkraft. So werden in dem von der KMK (2017, S. 24) festgelegten Rahmenplan zur Ausbildung von staatlich anerkannten Erzieher*innen folgende Ausbildungsziele diesbezüglich formuliert:

- Fachwissen über Unterstützungs- und Beratungssysteme für Familien und Bezugspersonen im Sozialraum,
- breites und integriertes Wissen über Kommunikationstheorien und Methoden der Gesprächsführung,
- Fähigkeit, bedarfsgerechte Angebote der Elternbildung und -beratung gemeinsam mit anderen Fachkräften zu planen und zu organisieren.

Um Beratungen professionell durchzuführen, bedarf es darüber hinaus weiterer Fähigkeiten, die durch reflektierte Erfahrungen und berufliche Weiterbildung vertieft werden:

- eine Haltung, die geprägt ist von dem partnerschaftlichen Grundgedanken in der Zusammenarbeit zwischen Fachkräften und Eltern
- empathisches Erfassen von Situationen der Gesprächspartner*innen und die Fähigkeit, angemessen darauf einzugehen (Responsivität)
- professionelle Distanz zu den Anliegen und Problemen der Gesprächspartner*innen
- die Bereitschaft und Fähigkeit, Lösungen mit den Gesprächspartner*innen zu erarbeiten, anstatt für alles immer eine Antwort (ein „Rezept") bereitzuhalten

Beratung ist keine Therapie

In manchen Situationen ist Beratung nur schwer von therapeutischer Arbeit abzugrenzen. Letztere liegt ganz klar nicht im Aufgaben- und Kompetenzbereich von pädagogischen Fachkräften. So wird beispielsweise im Bundesland Bayern die beratende Tätigkeit als Teil der Erziehungs- und Bildungspartnerschaft unmissverständlich definiert: „Sie (die pädagogischen Fachkräfte, Anm.) erörtern und beraten mit ihnen (den Eltern, Anm.) wichtige Fragen der Bildung, Erziehung und Betreuung des Kindes" (Art. 11 Abs. 3 BayKiBiG und §3 Abs. 2 AVBayKiBiG).

Inhalte von Beratung in der Kita beziehen sich also auf Belange des Kindes und seiner Entwicklung. Sollten Eltern darüber hinaus bei Fachkräften Rat und Hilfe suchen, z. B. bei Eheproblemen, so ist diese Information sicherlich auch für die pädagogische Arbeit von Bedeutung. Die Aufarbeitung der aktuellen Probleme liegt dann aber nicht im Aufgabenbereich der Fachkraft. Sie muss sich abgrenzen und, falls therapeutische Hilfe nötig ist, an geeignete Stellen verweisen. Dies setzt wiederum Kenntnisse über Fachdienste, therapeutische Möglichkeiten und eine Vernetzung vor Ort voraus.

Entwicklungsgespräche sind keine Beratung

Ein wesentliches Instrument für die Gestaltung der Erziehungs- und Bildungspartnerschaft sind Entwicklungsgespräche. Sie dienen der strukturierten gegenseitigen Information über den Entwicklungsstand und das beobachtete Verhalten des Kindes sowie dazu, Entwicklungsziele zu vereinbaren. Für den erforderlichen Rahmen sorgt die Einrichtung, z. B.

ÜBUNGEN ZUR GESPRÄCHSFÜHRUNG

Setzen Sie sich mit zwei weiteren Personen zusammen. Eine Person bringt ein Thema ein, die zweite Person übernimmt die Gesprächsführung und die dritte beobachtet und bringt sich mit ihrer Wahrnehmung in die Reflexion ein. Nach jeweils einem Durchgang können die Rollen getauscht werden. Pro Durchgang sind etwa 5 Minuten vorgesehen. Für das eingebrachte Thema muss noch keine Lösung gefunden werden; es geht lediglich um das Üben der Gesprächstechnik.

Aktives Zuhören

Ziele: Präsenz zeigen, Inhalt neutral wiedergeben

- das Gesagte aufnehmen und speichern
- sich ganz auf die Aussagen des Gesprächspartners bzw. der Gesprächspartnerin (GP) konzentrieren und eigene Stellungnahmen, Meinungen und Wertungen zurückhalten
- lediglich durch Gestik, Mimik und kurze Bestätigung volle Präsenz signalisieren
- am Schluss den Inhalt kurz und prägnant zusammenfassen

Widerspiegeln

Ziele: Präsenz zeigen, sachbezogene und emotionale Inhalte neutral wiedergeben

- sich ganz auf die/den GP konzentrieren und im Gespräch dabei bleiben
- die wichtigsten Inhalte und Schlüsselbegriffe heraushören und ggf. kurz zusammengefasst wiedergeben (= paraphrasieren)
- emotionale Anteile der Aussagen bzw. Gefühle der/des GP sensibel wahrnehmen und ggf. wiedergeben (= verbalisieren)
- das Gesagte ordnen, zusammenfassen und mit eigenen Worten wiederholen (paraphrasieren, verbalisieren)

Reflexion (gilt für beide Übungen):
Tauschen Sie sich kurz darüber aus, was Sie als Gesprächsführer*in und Gesprächspartner*in wahrgenommen haben:

- Was empfinden Sie? Wie fühlen Sie sich dabei?
- Wo und in welchem Zusammenhang ist diese Gesprächstechnik sinnvoll einsetzbar?

durch Qualitätsstandards. In das Gespräch bringen sich Eltern und Fachkräfte aus ihrer jeweiligen Perspektive mit ihren Beobachtungen ein. Die Aufgabe der Fachkraft ist es, dafür zu sorgen, dass dies offen und wertschätzend geschehen kann, und das Gespräch zu moderieren. Hierfür stehen Methoden (z. B. Ressourcensonne) oder eine vorbereitete Mindmap zur Verfügung, mit deren Hilfe bestimmte Entwicklungsbereiche systematisch miteinander durchgegangen werden. Entwicklungsgespräche entfalten ihre Wirkung durch einen partnerschaftlichen Austausch unterschiedlicher Wahrnehmungen und Perspektiven. Zur Häufigkeit der Entwicklungsgespräche machen die Bildungspläne der Länder unterschiedliche Aussagen. Unabhängig von speziellen Anlässen sollte ein Entwicklungsgespräch aber mindestens zweimal im Jahr stattfinden.

Verwendete Literatur

Hick, J. (2014): Qualitätssicherung für gesetzliche Betreuer. 2. Aufl., Regensburg: Walhalla.

Hölscher, S. (2010): Coaching – was ist das eigentlich? https://metrionconsulting.de/site/assets/files/1171/metrion_artikel_20100415_coaching_was_ist_das_eigentlich.pdf

Kägi, S./Knauer, R./Backer, N./Bienia, O. (2019): Pädagogische Qualität. Themenkarten für Teamarbeit, Supervision, Fortbildung. München: Don Bosco.

KMK (2017): Kompetenzorientiertes Qualifikationsprofil für die Ausbildung von Erzieherinnen und Erziehern an Fachschulen und Fachakademien. www.kmk.org/fileadmin/veroeffentlichungen_beschluesse/2011/2011_12_01-ErzieherInnen-QualiProfil.pdf

Sauer, J./Retaiski, H. (2017): Soziale Beratung. In: Deutscher Verein für öffentliche und private Fürsorge (Hrsg.): Fachlexikon der sozialen Arbeit. 8. Aufl., Baden-Baden: Nomos, S. 119–122.

Tausch, A. M./Tausch, R. (1979): Gesprächspsychotherapie. 7. Aufl., Göttingen: Hogrefe.

Literatur zur Vertiefung

Dittmar, S. (Hrsg.) (seit 2020): Wenn Eltern Rat suchen. kindergarten heute. Freiburg: Herder. Neue Zeitschrift, die 4x jährlich zu einem Jahrgangsthema erscheint.

Heilmann, H. (2018): Schwierige Entwicklungsschritte von Kindern begleiten. Impulse für die Beratung von Eltern. kindergarten heute – praxis kompakt. Freiburg: Herder.

Kindl-Beilfuß, C. (2008): Fragen können wie Küsse schmecken. Systemische Fragetechniken für Anfänger und Fortgeschrittene. Heidelberg: Carl Auer.

Pallasch, W. (1990): Pädagogisches Gesprächstraining. München: Juventa.

2. Teamfähigkeit

Die Fähigkeit, im Team zu arbeiten, ist eine unabdingbare Schlüsselkompetenz für pädagogische Fachkräfte. Das wichtigste Werkzeug der pädagogischen Arbeit in der Kita ist das Team. Im Team sind alle Mitarbeiter*innen gefordert, gemeinsame Ziele zu unterstützen, ihrer jeweiligen Aufgabe gerecht zu werden sowie einen ehrlichen und respektvollen Umgang untereinander zu kultivieren. Jedes einzelne Teammitglied braucht deshalb bestimmte Fähigkeiten, um den Auftrag gemeinsam und kooperativ durchführen zu können. Bereits aus der Ausbildung bringen Erzieher*innen hierfür Kompetenzen auf verschiedenen Ebenen mit.

Auf fachlicher Ebene erfahren die angehenden pädagogischen Fachkräfte vieles über Formen der Teamarbeit, die wesentlichen Grundsätze von Teamarbeit, Dynamiken, die im Team entstehen können, sowie Unterstützungsinstrumente wie Supervision und kollegiale Beratung. Durch verschiedene Praktika erleben die Auszubildenden unterschiedliche Teams und reflektieren unter fachlicher Anleitung die eigene Rolle darin und die Effizienz der Zusammenarbeit. Als personale Kompetenzen bringen die Fachkräfte die Fähigkeit zu Kommunikation, Konfliktfähigkeit und das Vermögen, unvoreingenommen auf die Kolleg*innen zuzugehen, mit. So verdichten sich die verschiedenen Ebenen zunehmend zur Schlüsselkompetenz.

■ **Praxisbeispiel:** Paul D. tritt in der Kita „Zauberberg“ seine erste Stelle als Erzieher an. Vorsichtig nähert er sich dem alteingesessenen Team an. Mit seiner offenen und direkten Art ist er in verschiedenen Praktika schon öfter an Grenzen gestoßen. Einigen Kolleg*innen im Team erschien er mit seiner durchaus konstruktiven Kritik und seinen Änderungsvorschlägen bezüglich struktureller Abläufe suspekt und musste erleben,

> Ein kreatives Team ist in der Lage, etablierte Strukturen und Abläufe infrage zu stellen.

wie er häufig abgeblockt und schließlich ignoriert wurde. Diese Erfahrungen konnte er mithilfe seiner Praxisbetreuerin gut aufarbeiten und dabei noch einige Gesprächstechniken einüben, die ihm halfen, seine Anliegen einfühlsam und verständnisvoll zu äußern. Die anfängliche Distanz und die erworbenen Kompetenzen helfen ihm nun, sich an seiner ersten Stelle auf das vorgefundene Team „einzuschwingen“. Mögliche Kritik bringt er wertschätzend und konstruktiv in die Teamsitzung ein – und ist dann doch überrascht über die offene und freundliche Aufnahme durch die Teamkolleg*innen. ■

Ein „Wir-Gefühl" ermöglicht, gemeinsam kreativ zu sein

Faktoren effektiver Teamarbeit

Die Stanford University hat für ihre Studierenden Merkmale effektiver Teams zusammengestellt (vgl. Stanford University 2007). Einige dieser Merkmale lassen sich gut auf die Arbeit in Kitas übertragen.

1. Gemeinsame Zielorientierung: In der – idealerweise gemeinsam entwickelten – pädagogischen Konzeption sind die Ziele der Kita klar beschrieben und werden von allen Teammitgliedern akzeptiert. Ein erfolgreiches Team läuft nicht blind drauflos. Jedem Teammitglied sollte klar sein, auf welches Ziel hingearbeitet wird. Gemeinsame Ziele verbinden und schaffen einen Grundkonsens, auf den man sich verlassen kann. Ein innovatives Team ist natürlich trotzdem in der Lage, überkommene Ziele infrage zu stellen und ggf. neu zu definieren.

2. Starke Zusammengehörigkeit: Loyalität, füreinander Einspringen und ein achtsamer Umgang miteinander sind Merkmale eines existierenden „Wir-Gefühls". Die Mitglieder wissen, was ihr Team auszeichnet, und sind stolz darauf. Ein ausgeprägtes „Wir-Gefühl" zeigt sich in der Bereitschaft zur gemeinsamen Verantwortung und ist geprägt von gegenseitigem Vertrauen. Herrscht ein stabiles Grundvertrauen, wird jedes Mitglied Verantwortung übernehmen. Das Team ist in dieser Situation zudem besser in der Lage, Belastungen standzuhalten und Krisen gemeinsam zu meistern. Konflikte sind dann in der Regel keine unüberwindbaren Hindernisse, sondern alle fühlen sich verantwortlich, an guten Lösungen mitzuwirken. Darüber hinaus wird das „Wir-Gefühl" durch Rituale und gemeinsame Unternehmungen gestärkt.

3. Klare und konstruktive Kommunikation: Wichtige Entscheidungen werden in der Regel gemeinsam getroffen. Wenn das nicht möglich oder wenig sinnvoll ist, werden die Teammitglieder rechtzeitig darüber informiert. Ist die Kommunikation der Teammitglieder untereinander selbstverständlich und sind Entscheidungswege und -grundlagen transparent, erleben sich alle als gleichermaßen bedeutsam und werden dies durch entsprechenden Einsatz honorieren.

4. Ordnende Struktur: Teams sind meistens in irgendeiner Form hierarchisch organisiert. Das ist häufig auch notwendig und entlastend, schließlich muss jemand für übergeordnete Organisations- und Steuerungsfragen verantwortlich sein. Doch Hierarchien können den Blick der Teammitglieder auch auf Fragen von Kontrolle und Zuständigkeit lenken oder sogar Konkurrenzgefühle auslösen. Hier ist es an der Leitung, ihre Position klar zu vertreten, eine sinnvolle Struktur zu bewahren und transparente Kommunikationswege einzufordern. Ihre Aufgabe ist es, den Teammitgliedern den Rücken freizuhalten, damit diese ihrer pädagogischen Arbeit ungestört nachgehen können.

> Herrscht ein stabiles Grundvertrauen, wird jedes Teammitglied Verantwortung übernehmen.

5. Geklärte Rollen: Jedes Teammitglied nimmt die übertragenen Aufgaben an und übernimmt die Verantwortung dafür. Sind die Rollen im Team klar definiert (z. B. durch Stellenbeschreibungen) und werden individuelle Aufgaben bei Bedarf geklärt, so fördert das Motivation und Arbeitszufriedenheit. Darüber hinaus ist ein reflektierter Prozess im Team notwendig, um

MERKMALE ERFOLGREICHER TEAMS

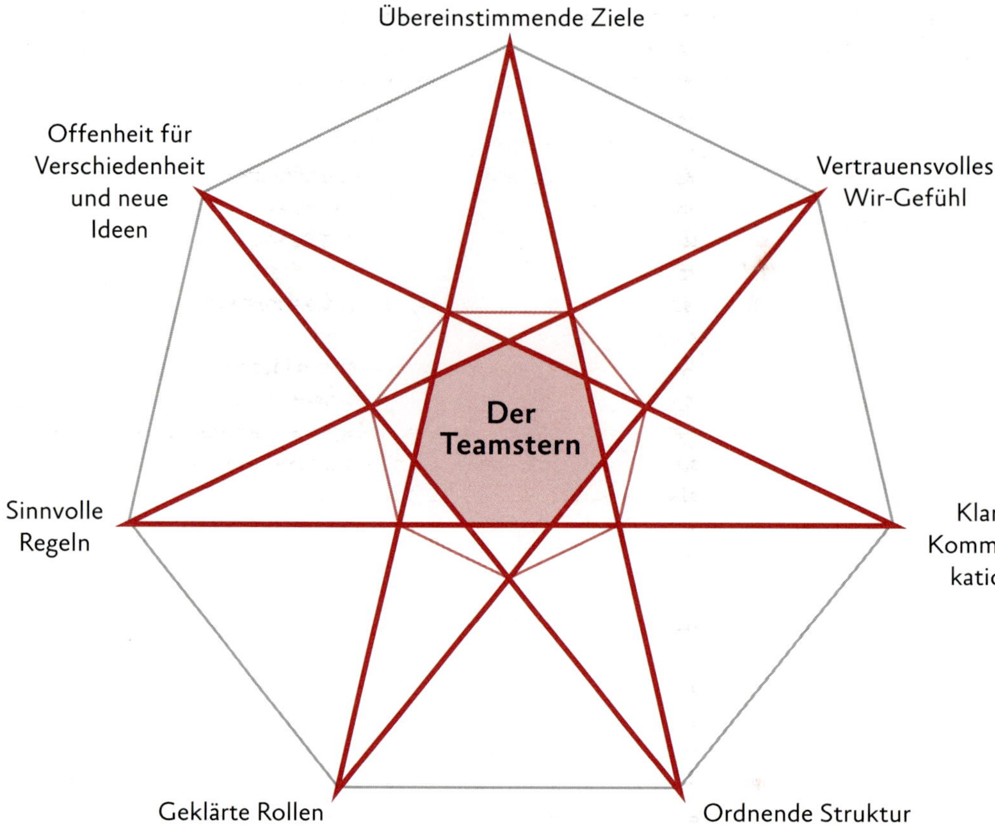

Quelle: Pfreundner 2017, S. 6

eventuell unausgesprochene Erwartungen, die das Zusammenwirken behindern könnten, transparent zu machen.

6. Sinnvolle Regeln und Normen: Regeln sind bewusst gesetzte Vereinbarungen des Teams über festgelegte Verhaltensweisen in bestimmten Situationen. Sie dienen dazu, Arbeitsabläufe zu steuern, zu vereinfachen und Vorgehensweisen für alle verständlich zu machen. Jedes Team entwickelt im Laufe der Zeit aber auch unausgesprochene soziale Normen (z. B. „spätestens fünf Minuten vor Dienstbeginn in der Kita sein"). Für neue Mitarbeiter*innen ist es nicht immer leicht, der damit verbundenen Erwartungshaltung zu entsprechen; deshalb sollten solche Normen transparent gemacht werden. Regeln und Normen sollten Sicherheit und Orientierung geben und nicht verunsichern. Eine vertrauensvolle Atmosphäre im Team wird unterstützt durch sinnhafte Regeln, die auch mal infrage gestellt werden dürfen, und förderliche soziale Normen, über die auch kommuniziert wird.

7. Offenheit für Vielfalt und notwendige Veränderungen: Diversität macht ein Team flexibler und stärkt die Fähigkeit, Lösungen zu entwickeln. Unterschiedliche Perspektiven sorgen für eine umfassendere Sicht der Dinge und sind Voraussetzung für Innovation. Ein kreatives Team ist in der Lage, etablierte Strukturen und Arbeitsabläufe ggf. infrage zu stellen und auch neue Wege zu gehen. Gerade wenn hin und wieder aus der Routine ausgebrochen wird, entstehen neue Ideen. Regelmäßige Evaluationsprozesse und eine beständige Weiterentwicklung der pädagogischen Konzeption sind hierfür wirksame Instrumente. Auch Offenheit gegenüber neuen Mitarbeiter*innen sowie ihren Ideen und Vorstellungen bereichert letztendlich das Team.

Verwendete Literatur

Pfreundner, M. (2017): Teamentwicklung. kindergarten heute – leiten kompakt. Freiburg: Herder.

Stanford University(2007): Characteristics of Effective Teams. https://web.stanford.edu/class/e145/2007_fall/materials/collins_effective_teams.html

Literatur zur Vertiefung

Fialka, V. (2013): Moderation – Methoden für die Teamarbeit. kindergarten heute – management kompakt. Freiburg: Herder.

Maier, S./Peter, N. (2021): Erfolgreiche Teambesprechungen. Methoden-Karten für die Kita. Freiburg: Herder.

Mannhard, A. (2019): Das Kita-Team. Aachen: Ökotopia.

SELBSTREFLEXION: WIE ERLEBE ICH MEIN TEAM?

1. Atmosphäre

offen	☐	☐	☐	☐	verschlossen
entspannt	☐	☐	☐	☐	angespannt
vertrauensvoll	☐	☐	☐	☐	misstrauisch
humorvoll	☐	☐	☐	☐	verbissen
wertschätzend	☐	☐	☐	☐	ablehnend
stabil	☐	☐	☐	☐	unberechenbar

2. Kommunikation

intensiver Austausch	☐	☐	☐	☐	zurückhaltend
wechselseitig	☐	☐	☐	☐	einseitig
klar	☐	☐	☐	☐	unklar
Meinungen werden respektiert	☐	☐	☐	☐	finden keinen Platz
ehrliches Feedback	☐	☐	☐	☐	wird vermieden

3. Gemeinsame Ziele und Aufgaben

übereinstimmend	☐	☐	☐	☐	individuelle Interpretation
Aufgaben werden gemeinsam gelöst	☐	☐	☐	☐	eher im Alleingang
aktive Beteiligung	☐	☐	☐	☐	passive Haltung
gemeinsames Bedürfnis	☐	☐	☐	☐	Eigeninteresse
veränderte Aufgaben werden kreativ angegangen	☐	☐	☐	☐	Erstarrung, feste Denkmuster

4. Zusammenarbeit

Ressourcen werden optimal genutzt	☐	☐	☐	☐	werden nicht eingesetzt
Kenntnisse/Ergebnisse werden mitgeteilt	☐	☐	☐	☐	werden zurückgehalten
konstruktiv	☐	☐	☐	☐	destruktiv
flexibel	☐	☐	☐	☐	starr

5. Entscheidungsfähigkeit

entscheidungsfähig	☐	☐	☐	☐	unentschlossen
Akzeptanz gemeinsam getroffener Entscheidungen	☐	☐	☐	☐	werden infrage gestellt
abweichende Meinungen werden diskutiert	☐	☐	☐	☐	werden nicht zugelassen

6. Konflikte

werden offengelegt	☐	☐	☐	☐	verborgen
konstruktive Auseinandersetzung	☐	☐	☐	☐	destruktive Auseinandersetzung
werden ernst genommen	☐	☐	☐	☐	werden bagatellisiert

7. Rollen

eindeutig	☐	☐	☐	☐	unklar
klare Zuständigkeit	☐	☐	☐	☐	Zuständigkeit ungeklärt
Aufgaben werden angenommen	☐	☐	☐	☐	nicht angenommen

Reflexion:

Wie zeigt sich mir die Situation meines Teams? Wie zeigt sich meine eigene Teamfähigkeit?

- Welche Ressourcen werden im Team deutlich?
- Welche Ressourcen bringe ich ein?
- Wo wird konstruktive Zusammenarbeit deutlich?
- Wo erlebe ich mich konstruktiv – wo weniger?
- In welchen Situationen kommen kreative Impulse zum Ausdruck?
- Traue ich mich, meine eigenen kreativen Impulse einzubringen? Wie werden diese wahrgenommen?
- Wie kann ich mich authentisch einbringen?
- Wie gehen wir im Team mit Konflikten um?
- Wie verhalte ich mich dabei?

Zum Wohl der Kinder mit anderen Institutionen zusammenarbeiten

3. Kooperieren und sich vernetzen

Externe Vernetzung bzw. der Auf- und Ausbau von Kooperationen mit externen Partner*innen stellt ein vielfältiges und wichtiges Handlungsfeld von pädagogischen Fachkräften zum Wohl der anvertrauten Kinder dar. Es geht dabei um die Öffnung der Kita in den Sozialraum und das Knüpfen eines interdisziplinären Netzwerks aus unterschiedlichen Angeboten, von denen die Familien profitieren können. Netzwerkarbeit kann beispielsweise mit den sozialen Diensten, Beratungsstellen, Familienbildungsstätten, kirchlichen Einrichtungen, Kinderärzt*innen, Therapeut*innen etc. stattfinden (vgl. Vollmer 2012, S. 145).

Gesetzliche Grundlagen

Kindertageseinrichtungen haben laut §22 SGB VIII u.a. die Aufgabe, „die Erziehung und Bildung in der Familie (zu) unterstützen und (zu) ergänzen". Zu diesem Zweck werden die Träger nach §22a Abs. 2 S. 2 zur Sicherstellung der Zusammenarbeit mit „anderen kinder- und familienbezogenen Institutionen und Initiativen im Gemeinwesen, insbesondere solchen der Familienbildung und -beratung" verpflichtet. Die Bundesarbeitsgemeinschaft der Landesjugendämter hält in ihrem Beschluss zur Kooperation und Vernetzung hierzu fest: „Besonderes Anliegen ist es, auch die Eltern zu erreichen, die bislang kaum oder gar nicht durch Familienbildungsangebote angesprochen werden konnten. Diesbezüglich ist die Kindertageseinrichtung bestens geeignet, im Sinne der Prävention einen niedrigschwelligen Zugang zu ermöglichen" (2006, S. 6).

> Bestimmte Kooperationen sind den Kitas gesetzlich vorgeschrieben.

Ein besonderer Schwerpunkt liegt dabei auf dem Anspruch von Kindern mit Beeinträchtigungen auf Inklusion. Diese ist seit der Verabschiedung der UN-Konvention über die Rechte von Menschen mit Behinderungen im Jahr 2009 als Rechtsnorm für Kindertageseinrichtungen verbindlich. Dementsprechend formuliert das Sozialgesetzbuch (SGB) für die Frühförderstellen (§4 Abs. 3 SGB IX) und Kindertageseinrichtungen (§22a Abs. 4 SGB VIII) einen gesetzlichen Auftrag zur Integration von Kindern mit besonderen Bedürfnissen. Für eine erfolgreiche Umsetzung dieses Auftrags ist eine gute Zusammenarbeit von Kitas und externen Unterstützungssystemen wie beispielsweise den Frühförderstellen von entscheidender Bedeutung (vgl. Sarimski 2008). Kindertageseinrichtungen leisten als erste Institution, die fast alle Kinder erreicht, einen wichtigen Beitrag zur Früherkennung von Entwicklungsverzögerungen und Verhaltensauffälligkeiten, sodass eine gezielte und frühzeitige Förderung der Kinder möglich ist.

Die Träger übertragen diesen Auftrag an das pädagogische Personal ihrer Kitas. Ziel ist es, einen anregenden Bildungsort für Kinder zu schaffen, der durch Lebensweltorientierung und Öffnung in den Sozialraum gekennzeichnet ist. Die Umsetzung in den Einrichtungen geschieht dabei sehr unterschiedlich. Während manche Kitas eher einen lockeren, situationsbedingten Kontakt zu Institutionen in der Umgebung (z. B. Feuerwehr und Grundschule) pflegen, gibt es Einrichtungen, die weit vernetzt sind und in enger Kooperation mit Kinderärzt*innen, Frühförderstellen, Grundschulen, kirchlichen Einrichtungen, Beratungsstellen, Betrieben und anderen bedeutsamen Institutionen stehen. Dies gilt noch einmal ganz besonders für Familienzentren. Grundlagen und konkrete Umsetzung werden in der pädagogischen Konzeption der Einrichtung, der die Fachkräfte verpflichtet sind, beschrieben.

■ **Praxisbeispiel:** Ein katholischer Kindergarten in Oberbayern pflegt eine enge Zusammenarbeit mit der örtlichen Familienberatungsstelle, eine Einrichtung der Caritas. Einmal monatlich kommt eine qualifizierte Familienberaterin in den Kindergarten. Dort wird ihr ein Raum zur Verfügung gestellt, in dem sie Beratungen in Erziehungs- und Familienangelegenheiten anbietet. Von den Eltern wird dieses Angebot intensiv wahrgenommen. Sie melden sich bei der Leitung an, die die Termine organisiert. Zeigt sich, dass häufigere Gespräche notwendig sind, lädt die Beraterin die Ratsuchenden in die nahe gelegene Familienberatungsstelle ein und sie vereinbaren einen individuellen Kontrakt. Das niedrigschwellige Angebot wird auch von den Erzieherinnen des Kindergartens begrüßt. In ihren Gesprächen mit den Eltern vermitteln sie oft den ersten Kontakt, informieren über die Möglichkeiten der Familienberatungsstelle und unterstützen die Mütter und Väter, wenn die Hemmung, eine professionelle Familienberatung in Anspruch zu nehmen, noch zu groß ist. ■

Kooperieren als Schlüsselkompetenz

Letztendlich sind es die Erzieher*innen vor Ort, die diese Aufgabe umsetzen. Dafür qualifizieren sie sich durch folgende Voraussetzungen bzw. Fähigkeiten, die sich unmittelbar aus den oben genannten Aufgaben ergeben:

Fachliche Ebene: Um Eltern beraten und weiterverweisen zu können, sind Kenntnisse über regionale Angebote und Möglichkeiten und deren Bedingungen nötig. Darüber hinaus wissen Fachkräfte über die wichtigsten Inhalte und Ziele der verschiedenen Angebote Bescheid. Beispielsweise können sie darüber berichten, was verschiedene therapeutische Angebote (z. B. Logopädie, Ergotherapie oder Frühförderstellen) für Kinder leisten und wie Eltern an diese Leistung kommen.

Tipp: Erkundigen Sie sich, welche Beratungs- und Fördermöglichkeiten für Kinder und Familien es in der Umgebung der Kita gibt, und lassen Sie sich eine Auswahl an Broschüren und Prospekten zusenden. So haben Sie schnell die wesentlichen Infos parat und können den Eltern bei Bedarf gezielt Informationsmaterial weitergeben. Manche Institutionen und helfenden Dienste bieten Broschüren auch in verschiedenen Sprachen oder in einfacher, gut verständlicher Sprache an.

KOOPERATIONEN GEMÄSS §22A ABS. 2 SGB VIII

Bestimmte Kooperationen sind gesetzlich vorgeschrieben und die Träger sind verpflichtet, auf deren Umsetzung zu achten. Für die pädagogischen Fachkräfte der Kitas bedeutet dies, dass sie diese Zusammenarbeit koordinieren und umsetzen. Dabei geht es um folgende Kooperationen:

- Kooperation mit den Eltern (Erziehungsberechtigten): Die Zusammenarbeit mit den Eltern hat durch das in Art. 6 Abs. 2 des Grundgesetzes festgeschriebene Elternrecht einen herausragenden Stellenwert. Demnach obliegen den Eltern die Pflicht und das Recht zur Pflege und Erziehung ihrer Kinder. Die pädagogischen Fachkräfte kooperieren mit den Eltern auf partnerschaftlicher Ebene mit dem Ziel einer möglichst einheitlichen Bildung und Erziehung der Kinder (Erziehungs- und Bildungspartnerschaft).
- Kooperation mit kinder- und familienbezogenen Institutionen und Initiativen im Gemeinwesen (insbesondere Familienbildung und -beratung): Gemäß §16 SGB VIII sollen Erziehungsberechtigten Leistungen der allgemeinen Förderung der Erziehung in der Familie angeboten werden, damit sie ihre Erziehungsverantwortung besser wahrnehmen können. Nicht immer besitzen Eltern den erforderlichen Überblick und ausreichende Ressourcen, um das vielfältige Angebot für Familien zu überschauen und sich für ein geeignetes Angebot zu entscheiden.
- Kooperation mit Kindertagespflegepersonen: Kindertageseinrichtungen und Kindertagespflege haben einen übereinstimmenden Förderungsauftrag gemäß §22 Abs. 3 SGB VIII. Jeder Bereich bewahrt dabei seine eigene Identität. Jedoch können lokale Netzwerke, in die Tagespflegepersonen eingebunden sind, in Ausfallzeiten andere Betreuungsmöglichkeiten für Kinder sicherstellen. Darüber hinaus soll in fachlichen Fragen und in der Qualifizierung der Arbeit die gegenseitige kollegiale Unterstützung ermöglicht werden.
- Kooperation mit den Schulen: Über die bundesgesetzlichen Regelungen hinaus haben die Bundesländer in ihren Gesetzen zur Kindertagesbetreuung und zur Schule Regelungen für eine kooperative Zusammenarbeit zwischen beiden Bildungsinstitutionen in unterschiedlicher Konkretheit und Verbindlichkeit getroffen. Im Mittelpunkt der Kooperation stehen die Rechte, Bedürfnisse, Interessen und individuellen Förderbedarfe von Kindern. Von besonderer Bedeutung ist es, den Übergang von der Kita in die Schule als kontinuierlichen Prozess in gemeinsamer Verantwortung zu gestalten.

(vgl. Bundesarbeitsgemeinschaft der Landesjugendämter 2006, S. 4ff.)

Darüber hinaus pflegen viele Kitas auch Kooperationen mit anderen Einrichtungen des öffentlichen Lebens wie z. B. örtlichen Handwerksbetrieben, Forstbetrieben, Feuerwehr, Polizei oder Vereinen. Diese dienen vor allem dazu, mit den Kindern ihren Sozialraum zu erschließen und das Bildungsangebot der Kita zu erweitern.

Personale Ebene: Grundsätzlich sollten pädagogische Fachkräfte Kooperationsfähigkeit mitbringen. Damit ist die Fähigkeit gemeint, sich mit anderen abzustimmen, um zu einer konstruktiven Zusammenarbeit zu kommen. Für die Zusammenarbeit mit Eltern ist hierbei ein besonderes Gespür erforderlich: Nach der Aufklärung über Hilfsangebote braucht es oft Motivation und Unterstützung, um mögliche Hemmschwellen und Vorbehalte abzubauen. Eine qualifizierte Fachkraft bringt hier die nötige Geduld und das Einfühlungsvermögen mit, um Eltern dabei zu unterstützen, die richtige Entscheidung zu treffen. Entscheiden sich die Eltern zunächst anders als erhofft, ist die Fachkraft auch in der Lage, loszulassen und professionelle Distanz einzunehmen. Trotzdem bleibt sie bei ihrer Haltung und bietet weiter ihre Hilfe und Unterstützung an. Manchmal brauchen Eltern einfach Zeit, um sich mit bestimmten Situationen zu arrangieren. Ein Sonderfall ist natürlich, wenn Verdacht auf Kindeswohlgefährdung besteht. Hier halten die Träger in der Regel Handreichungen über Vorgehensweisen bereit (s. auch §8a SGB VIII), an die sich die Fachkräfte dann halten müssen.

> Insbesondere Familienzentren sind weit vernetzt und pflegen vielfältige Kooperationen.

Erfahrungsebene: Mit zunehmender Berufserfahrung sind die Kenntnisse über die regionalen Angebote verinnerlicht und der Blick der Fachkraft dafür geschärft, zu welchem Zeitpunkt den Eltern ein geeignetes Angebot unterbreitet werden kann. Oft kennt sie bereits einzelne Ansprechpartner*innen in den verschiedenen Fördereinrichtungen oder Institutionen und kann so einen direkten Kontakt vermitteln. Durch viel Erfahrung entwickelt die Fachkraft Souveränität, tritt selbstbewusst und kompetent auf und kann auch möglichen Widerständen gelassen, aber klar begegnen.

Tipp: Nutzen Sie auch Instrumente der Öffentlichkeitsarbeit wie Elternabende oder Tage der offenen Tür, um Förder- und Beratungseinrichtungen oder Vertreter*innen der Grundschulen gezielt einzuladen und ihre Arbeit vorzustellen.

■ **Praxisbeispiel:** Für das Team des Kinderhauses „Am Erlengrund" hat der Erzieher Benedikt P. die Aufgabe übernommen, eine Liste aller Fördereinrichtungen und relevanten Institutionen des Quartiers zu erstellen. Die Leitung des Kinderhauses stellt sich dort zunächst telefonisch vor und bietet die Zusammenarbeit an. Viele Einrichtungen senden Flyer oder Broschüren über ihre Arbeit. Benedikt P. organisiert nun weitere Kontakte zum Kennenlernen und z.T. auch den Besuch der Institution, der dann von verschiedenen Teammitgliedern durchgeführt wird. Gleichzeitig plant das Kinderhaus einen Tag der offenen Tür, zu dem auch die angesprochenen Fördereinrichtungen eingeladen werden, damit sie ihre Arbeit interessierten Eltern vorstellen. Durch die persönlichen Kontakte profitieren die Erzieher*innen in ihren Beratungsgesprächen. Sie können nun unkomplizierter auf Informationen zurückgreifen, kompetent beraten und weiterverweisen sowie, wenn nötig, auch einen Kontakt vermitteln. ■

Verwendete Literatur

Bundesarbeitsgemeinschaft der Landesjugendämter (2006): Kooperation und Vernetzung von Kindertageseinrichtungen im Sozialraum. Beschlossen auf der 101. Arbeitstagung vom 8. bis 10. November 2006 in Kiel. www.bagljae.de/downloads/101_kooperation-und-vernetzung-kitas-im-sozial.pdf

Sarimski, K. (2008): Kooperation von Kindertageseinrichtungen mit Frühförderstellen bei der Unterstützung von Kindern mit besonderen Bedürfnissen. In: Pädagogische Hochschule Heidelberg, Institut für Weiterbildung (Hrsg.): Perspektiven zur pädagogischen Professionalisierung. Themenheft Aspekte zur Elementarbildung II, 74. Landau: Verlag Empirische Pädagogik, S. 5–10.

Vollmer, K. (2012): Fachwörterbuch für Erzieherinnen und pädagogische Fachkräfte. 10. Aufl., Freiburg: Herder.

Literatur zur Vertiefung

Jares, L. (2014): Die Kita im Stadtteil. Die Bedeutung von Sozialraumorientierung. In: kindergarten heute, 11–12/2014, S. 30–34.

Kobelt Neuhaus, D. (2016): Ein Familienzentrum leiten. kindergarten heute – management kompakt. Freiburg: Herder.

Lenzen, J. (2008): Gesundheitsförderung bei sozial benachteiligten Kindern. Möglichkeiten und Nutzen von Netzwerken. Hamburg: Diplomica.

Verbeek, V. (2019): Mit Kita-Eltern kooperieren. Konstruktivistische, systemische und differenzsensible Perspektiven. Göttingen: Vandenhoeck & Ruprecht.

Wolfs, M. (2016): Die Bedeutung multiprofessioneller Teams. www.erzieherin.de/files/69325602_KiTa_aktuell_BW_Wolfs

kindergarten heute

NEU: Vorbestellbar ab Juni 2021

eflektieren in 3 Schritten: Fokussieren, interpretieren, handeln

Birgit Thurmann

kindergarten heute Reflexionstool

für pädagogische Fachkräfte

ca. 100 Blätter | Spiralbindung

€ 15,00 (D) / € 15,50 (A) / SFr 21.90

Best.-Nr.: P00 0885

Im Erzieher*innenberuf ist die **Fähigkeit zur Reflexion eine Schlüsselkompetenz.** Indem Fachkräfte regelmäßig ihre Erfahrungen und Erlebnisse rückwirkend deuten, erweitern sie ihr Repertoire an zukünftigen Handlungsoptionen nachhaltig.

; Reflexionstool ist ein Werkzeug, das Fachkräfte ge-
.t durch Reflexionsprozesse führt. **Die Funktionsweise
denkbar einfach:** Rufe dir eine Situation ins Gedächt-
, aus der du Rückschlüsse ziehen möchtest. Wähle aus
em der **drei Fragenstapel** eine Seite aus. Finde mög-
ıst detaillierte und differenzierte Antworten auf jede
3 Fragen. Und los geht's:

Fokussieren bedeutet festzulegen, unter welchem Aspekt die Situation/Erfahrung betrachtet wird (etwa Gefühle, Beziehungen, Vorgehensweisen ...). Dazu zählen alle Seiten des linken Fragenstapels.

Interpretieren bedeutet, nach Erklärungsmustern, Zusammenhängen und Ursachen zu suchen. Das sind alle Seiten des mittleren Fragestapels.

Handeln bedeutet, zukünftige Handlungsoptionen aus den Erkenntnissen der Phasen 1 und 2 abzuleiten. Dazu gehören die Seiten des rechten Fragenstapels.

- Ein einfaches, spielerisches & effektives Arbeitsmittel für den Reflexionsprozess
- Vielseitig einsetzbar: in der beruflichen Praxis, für die Anleitung und in der Lehre
- Mit Auszubildenden entwickelt und erfolgreich getestet

HERDER

Mehr Informationen online unter: herder.de/kiga-heute

V

Professionell handeln

Zum professionellen Handeln pädagogischer Fachkräfte gehören der Transfer von theoretischen Erkenntnissen in die Praxis, das wahrnehmende Beobachten der Kinder inklusive der Dokumentation ihrer Bildungs- und Entwicklungsprozesse sowie der professionelle Umgang mit Nähe und Distanz zu Kindern und Eltern.

1. Fachlichkeit und Fähigkeit zum Transfer

Professionelles pädagogisches Handeln erfolgt auf der Basis spezifischer theoretischer (wissenschaftlicher) Erkenntnisse. Diese liefern den Rahmen, um pädagogische Situationen in der Kita zu analysieren und das eigene Handeln methodisch zu planen und umzusetzen. Professionelles Handeln „bedeutet, die Kinder in ihrer individuellen Entwicklung zu fördern, sie und ihre Kompetenzen zu stärken. Pädagogische Fachkräfte haben die Aufgabe, die Neugierde und das Interesse der Kinder für ihre eigenen Ideen und für ihre Umwelt zu wecken“ (Bundesministerium für Bildung und Forschung 2017, S. 4).

Der Fokus liegt also auf der Umsetzung theoretischen Wissens in die Praxis. Wird auf dieses theoretische Fundament verzichtet, ist die Gefahr groß, in subjektiv geprägten Alltagstheorien stecken zu bleiben, die Voreingenommenheiten und Vorurteile begünstigen. Fachliche Theorien dagegen basieren auf wissenschaftlichen Forschungsergebnissen und Erkenntnissen, die überprüfbar sind und als objektiv bezeichnet werden können. Diese werden stets weiterentwickelt und auf ihre Tauglichkeit für die Praxis hin geprüft. Die Fachlichkeit der pädagogischen Fachkräfte ist daher als kontinuierlicher Prozess zu sehen. Durch reflektierte Erfahrungen aus der Praxis (Erfahrungswissen) und ihre Verknüpfung mit wissenschaftlichen Erkenntnissen mit anschließender Evaluation entwickelt sich diese Schlüsselkompetenz immer weiter. Dazu steht pädagogischen Fachkräften ein breites Fortbildungsangebot und ein umfangreicher Katalog an einschlägiger Literatur zur Verfügung.

Theorie-Praxis-Transfer

Fachlichkeit ist ohne Transfer in die Praxis nicht denkbar. „Die Vermittlung zwischen theoretisch fundiertem Wissen und reflektiertem Erfahrungswissen sowie die Verbindung eines wissenschaftlich-reflexiven mit einem praktisch-pädagogischen Habitus gehören zum Kern professionellen Handelns“ (Nentwig-Gesemann et al. 2012, S. 9). In Berlin fand dazu 2018 die Fachtagung „Transfer in der frühkindlichen Bildung: Wissenschaft, Praxis und Bildungsadministration im Dialog“ statt. Die zentralen Fragestellungen waren:

- Unter welchen Bedingungen gelingen Transferprojekte und welche Herausforderungen entstehen dabei?
- Welche Rolle spielt der Austausch zwischen den verschiedenen Akteur*innen im Prozess?

Aus verschiedenen Perspektiven (Wissenschaftler*innen, Praktiker*innen sowie Verantwortliche aus der Bildungsadministration) vermittelte die Fachtagung Einblicke in aktuelle Fragen zum Theorie-Praxis- bzw. Praxis-Theorie-Transfer. Die vielfältigen Beispiele guter Praxis zeigten, dass der Transfer bereits häufig gelingt. Dabei wurde deutlich, wie wichtig es ist, wiederkehrende Gelegenheiten zum Austausch zwischen den verschiedenen Akteur*innen bzw. Ebenen zu schaffen. Denn Forschungsergebnisse können nur dann sinnvoll in die Praxis umgesetzt werden, wenn eine beständige Zusammenarbeit zwischen den Akteur*innen gesichert ist. Ebenso kann langjährige gute Praxis nur durch einen gleichberechtigten Austausch als Impuls für zukünftige Forschung aufgegriffen und durch die Mithilfe forschungsaffiner Kitas vorangebracht werden. Deutlich wurde auch, unter welchen Bedingungen ein wirksamer Theorie-Praxis-Transfer (und auch umgekehrt) gelingt:

> Der Fokus liegt auf der Umsetzung theoretischen Wissens in die Praxis.

- Teamentwicklung (nicht nur Weiterqualifizierung einzelner Fachkräfte)
- adaptive und einrichtungsspezifische Gestaltung des Prozesses
- Ausbildung von Multiplikator*innen aus der Praxis
- Prozessorientierung und langfristige Prozessbegleitung
- klare Strukturen und gutes Prozessmanagement
- Beteiligung der Praxis am Forschungsprozess

ANFORDERUNGEN AN PÄDAGOGISCHE FACHKRÄFTE

Die mit dieser Schlüsselkompetenz verbundenen Anforderungen werden z. B. in der Zielorientierung der Arbeitsgemeinschaft der bayerischen Fachakademien konkretisiert:

- „Erzieher*innen verfügen über die Fähigkeit, sich mit Theorien, die im erzieherischen Kontext relevant sind, auseinanderzusetzen. Theorie wird hierbei als Grundlage und Orientierungshilfe für eine umfassende Wahrnehmung und Erklärung von pädagogischen Handlungssituationen verstanden.
- Erzieher*innen gelingt es durch die Nutzung und Anwendung von unterschiedlichem fachtheoretischem Wissen, das die Anwendung von bestimmten Techniken oder Materialien einschließt, den vielfältigen Anforderungen in ihrem Beruf gerecht zu werden und angemessene pädagogische Handlungsweisen zu entwickeln.
- Erzieher*innen sind sich in einer medial geprägten Gesellschaft der pädagogischen Bedeutung und Wirkungsweise verschiedener Medien bewusst und sind in der Lage, unterschiedliche Medien theoretisch begründet einzusetzen.
- Durch die Bereitschaft, sich mit den jeweiligen gesellschaftlich bedingten theoretischen Strömungen in vielfältiger Weise kritisch auseinanderzusetzen, diese zu hinterfragen und ggf. in das pädagogische Handeln zu übernehmen, wird es Erzieher*innen möglich, auf gesellschaftliche Veränderungen zu reagieren und diesen gerecht zu werden" (Arbeitsgemeinschaft der bayerischen Fachakademien für Sozialpädagogik 2018, S. 2).

Der Umsetzungsprozess

Wie oben dargestellt, ist es ein effektives Vorgehen, sich mit dem gesamten Team auf den Weg zu machen, um Veränderungsprozesse, die auf wissenschaftlicher Theorie basieren, gemeinsam zu gestalten. Dabei ist jede einzelne pädagogische Fachkraft angesprochen. Bringen alle Teammitglieder die beschriebenen Kompetenzen (s. Kasten oben) mit, kann dies eine äußerst fruchtbare Entwicklung anstoßen.

■ **Praxisbeispiel:** Von 2007 bis 2011 war ich als Fortbildner in die Implementierung des Bayerischen Bildungs- und Erziehungsplans eingebunden. Ich bekam verschiedene Kita-Teams zugeteilt, die ich über eine gewisse Zeit bei der Umsetzung des Bildungsplans fachlich begleitete. In einem oberfränkischen Dorf erarbeiteten wir im Zuge dieser Maßnahme das Bild vom kompetenten Kind sowie das Prinzip der Ko-Konstruktion (s. Kasten S. 49). Als es um Möglichkeiten der praktischen Umsetzung ging, meldete sich eine Kinderpflegerin zu Wort. Sie meinte, dass sie mit früher Bildung eigentlich nichts am Hut hätte, und erzählte dann, wie sie jeden Morgen um 7 Uhr die ersten Kinder in Empfang nehme, ihnen einen heißen Kakao koche und gemeinsam mit ihnen am Tisch sitze, um sich mit ihnen über ihre Erlebnisse und Gedanken zu unterhalten. Erst um 7.30 Uhr komme die Leitung und wirbele durchs Haus – und dann gehe die „richtige" Bildung los. Wir tauschten uns mit dem gesamten Team über diese besondere Zeit am Morgen aus. Allmählich wurde deutlich, dass in dieser Zeit wertvolle Gespräche entstanden. Maßgeblich dabei war, dass die Themen immer von den Kindern ausgingen und die Präsenz der Kinderpflegerin eine einladende Atmosphäre schuf, diese einzubringen und weiter auszubauen. Ein gutes Beispiel für ko-konstruktive Bildungsprozesse. Als ich dies der Kinderpflegerin spiegelte, war sie überrascht und gerührt. Gleichzeitig wurde auch den anderen Teammitgliedern deutlich, was mit dem theoretischen Ansatz der Ko-Konstruktion gemeint ist, wie dieser in die Praxis umgesetzt werden kann und welche Stärkung diese Vorgehensweise für die Kinder bedeutet. ■

Fachlichkeit fördert pädagogische Qualität

Auch in der Fortbildung hat sich dieser Weg als sehr wirksam erwiesen. Die theoretischen Grundlagen werden als Gerüst präsentiert und mit eigenen Erfahrungen unterstützt. Diese lassen sich gemeinsam reflektieren und daraus bestimmte Handlungsschritte ableiten. Nach einer Phase der Erprobung ist es sinnvoll, die daraus gewonnenen Erfahrungen festzuhalten, sie mit dem wissenschaftlichen Ansatz zu vergleichen und als pädagogische Umsetzung in der Kita zu etablieren. Im Rahmen des Qualitätsmanagements wird das neu etablierte pädagogische Handeln in der Konzeption der Kita und eventuell zusätzlich in einem Qualitätshandbuch festgehalten.

> Das Team gestaltet Veränderungsprozesse, die auf wissenschaftlichen Erkenntnissen basieren.

Verwendete Literatur

Arbeitsgemeinschaft der bayerischen Fachakademien für Sozialpädagogik (2018): Schlüsselkompetenzen der Erzieherin. www.faks-augsburg.de/wp-content/uploads/2018/03/Schlüssel kompetenzen.pdf

Bundesministerium für Bildung und Forschung (2017): Profis für die Kita. Berlin. www.bmbf.de/upload_filesto re/pub/Profis_fuer_die_Kita.pdf

Fachtagung „Transfer in der frühkindlichen Bildung: Wissenschaft, Praxis und Bildungsadministration im Dialog" in Zusammenarbeit der Uni München und der Robert Bosch Stiftung. Informationen unter: www.daf.uni-muenchen.de/personen/wiss_ma/harr/transfer/index.html

Nentwig-Gesemann, I./Fröhlich-Gildhoff, K./Harms, H./Richter, S. (2012): Professionelle Haltung – Identität der Fachkraft für die Arbeit mit Kindern in den ersten drei Lebensjahren. Eine Expertise der Weiterbildungsinitiative Frühpädagogische Fachkräfte (WiFF). München: DJI.

Literatur zur Vertiefung

Barth, H. D./Bernitzke, F. (2016): Theorie trifft Praxis. Handlungskompetenz im sozialpädagogischen Berufspraktikum. 2. Aufl., Haan-Gruiten (NL): Europa-Lehrmittel.

Projekt Forschungskita – ein gelebter Theorie-Praxis-Transfer. Informationen unter: www.hs-merseburg.de/for schung-und-transfer/transfer/innovati ve-hochschule/forschungskita/

Hasselhorn, M./Köller, O./Maaz. K./Zimmer, K. (2014): Implementation wirksamer Handlungskonzepte im Bildungsbereich als Forschungsaufgabe. www.dipfdocs.de/volltexte/2017/146 07/pdf/PRU_3_2014_Hasselhorn_et_al_A.pdf

Ministerium für Schule und Bildung des Landes Nordrhein-Westfalen (Hrsg.) (2017): Kompetenzraster zur Entwicklung sozialpädagogischer Handlungskompetenz. Arbeitsmaterial für die Ausbildung von Erzieherinnen und Erziehern. www.berufsbildung.nrw.de/cms/upload/fs/download/sozial/kom petenzraster_heft9053.pdf

2. Differenzierte Wahrnehmung

Wahrnehmung mit allen Sinnen ist ein komplexes, subjektives und damit individuelles Geschehen. Hierbei kann zwischen sozialer Wahrnehmung und ästhetischer Wahrnehmung unterschieden werden. Die soziale Wahrnehmung bezieht sich sowohl auf andere Menschen (Fremdwahrnehmung) als auch auf die eigene Person (Selbstwahrnehmung) in sozialen Situationen. Die Wahrnehmung der dinglichen Umwelt lässt sich als ästhetische Wahrnehmung bezeichnen.

Um die Interessen, Fähigkeiten und Bedürfnisse der Kinder aufmerksam zu erfassen, benötigen pädagogische Fachkräfte eine differenzierte und professionelle Wahrnehmung. Dem Anspruch an Professionalität genügt diese dann, wenn sie möglichst objektiv und entsprechend vorurteilsfrei und reflektiert geschieht.

Wichtige Aspekte dieser Schlüsselkompetenz sind:

- Die pädagogische Fachkraft kann sich selbst mit ihren Gefühlen, Einstellungen und Werthaltungen in Beziehung zu anderen bewusst wahrnehmen und einschätzen.
- Sie ist in der Lage, soziale Situationen differenziert und umfassend wahrzunehmen und dabei Motive und Beziehungsstrukturen der Beteiligten zu reflektieren.
- Sie ist fähig, gezielte Beobachtungen durchzuführen, diese zu dokumentieren und sie als Grundlage methodischen Handelns für die Erziehungs- und Bildungsarbeit für das einzelne Kind und die Gruppe zu nutzen

(vgl. Arbeitsgemeinschaft der bayerischen Fachakademien 2018, S. 3).

> Gezielte Beobachtung dient dazu, kindliche Entwicklungs- und Bildungsprozesse in den Blick zu nehmen.

Die Wahrnehmungsfähigkeit wird beeinflusst von der Wahrnehmungseinstellung und dem Wahrnehmungsbewusstsein. Erstere betrifft die Subjektivität der Wahrnehmung; diese ist geprägt durch eigene Erfahrungen, Muster, Vorurteile, individuelle Bewertungen sowie durch Vorwissen. Durch das Wahrnehmungsbewusstsein werden diese subjektiven Filter deutlicher, indem sie bewusst reflektiert werden. Ziel dabei ist es, der Objektivität des Wahrgenommenen so nahe wie möglich zu kommen. Dies spielt insbesondere bei der gezielten Beobachtung als wichtigem Instrument zur Erfassung der Situation der Kinder eine entscheidende Rolle. In diesem Sinne muss die Fachkraft auch im Bereich der ästhetischen Wahrnehmung über besondere Kompetenzen verfügen:

KO-KONSTRUKTION

„In ko-konstruktiven Prozessen lernen Kinder, wie man untereinander und gemeinsam mit Erwachsenen in einer Lerngemeinschaft Probleme löst, Bedeutungen und das Verständnis von Dingen und Prozessen teilt, diskutiert und verhandelt. Der Schlüssel der Konstruktion ist die soziale Interaktion" (Fachlexikon kindergarten heute: www.herder.de/kiga-heute/fachbegriffe/ko-konstruktion/).

Die Bildungsprozesse der Kinder beobachten und dokumentieren

- Sie ist sich der Bedeutung der aktiven Wahrnehmung mit allen Sinnen für das Erleben von Welt sowohl für Kinder als auch für Erwachsene bewusst.
- Sie kann selbst differenziert und sensibel wahrnehmen und betrachtet Wahrnehmung als wesentlichen Teil ihrer Erlebnisfähigkeit.
- Sie ist in der Lage, die Wahrnehmungsbereiche mit Kindern zu entdecken und Wahrnehmungsfreude und die damit verbundene Wahrnehmungsfähigkeit zu fördern (vgl. ebd.).

Deutlich wird folgender Zusammenhang: Die differenzierte soziale Wahrnehmung der pädagogischen Fachkraft schärft auch den Blick für die ästhetische Wahrnehmung und eröffnet Kindern im Vorschulalter – wenn sie professionell vermittelt wird – neue Perspektiven und fördert ihre Wahrnehmungsfähigkeit.

Wahrnehmendes Beobachten

Besondere Bedeutung kommt in Kitas der wahrnehmenden Beobachtung zu. Diese ist eine regelmäßig angewendete Methode, die dazu dient, Kinder und ihre Entwicklungs- und Bildungsprozesse stets neu und mit wachem Blick wahrzunehmen und die pädagogische Arbeit an ihren individuellen Möglichkeiten, Bedürfnissen und Ressourcen auszurichten.

■ **Praxisbeispiel:** Das Team der Kita „Bienenhaus" plant ein Projekt. Das Projektthema soll jedoch nicht von den Fachkräften vorgegeben werden, sondern an die Themen und Interessen der Kinder anknüpfen. Im Vorfeld werden die Kinder deshalb bei ihren Aktivitäten beobachtet, um herauszufinden, wo intensives Engagement deutlich wird. Im anschließenden Gespräch zeigt sich, dass die Kinder großes Interesse an Tieren haben, und es kristallisiert sich das Projektthema „Tiere im Zoo" heraus, welches nun die folgenden Wochen im Vordergrund steht. ■

Beobachtung als Basis für kindorientiertes Handeln

Kinder brauchen für ihre Entwicklung Erwachsene, die sie begleiten, in ihrem Tun unterstützen und bestärken und die Hintergründe ihres Handelns verstehen. Gezielte Beobachtungen liefern dazu Informationen und geben wertvolle Einblicke in die Erlebenswelt der Kinder. Kinder beobachten heißt vor allem, sie zu beachten. Dies erfordert immer wieder auch den eigenen Perspektivwechsel, nämlich sich in das jeweilige Kind hineinzuversetzen. Kinder als Ko-Konstrukteur*innen ihrer Entwicklung (s. Kasten S. 49) und als kompetente Lerner*innen zu sehen, bedeutet auch, sie in Beobachtungen einzubeziehen.

Das Kind wird beispielsweise in den Beobachtungsprozess einbezogen, indem die Fachkraft mit ihm über die beobachtete Situation spricht, um zu erfahren, ob ihre Einschätzung mit der des Kindes übereinstimmt. Ihre Frage an das Kind sollte (natürlich altersentsprechend) lauten: „Ist das, was ich gesehen habe und wie ich das Gese-

METHODE WAHRNEHMENDES BEOBACHTEN

Wahrnehmendes Beobachten ist die fachliche Antwort auf ein Bild vom Kind als einem neugierigen, selbsttätigen und kompetenten Menschen. Es ist das Herzstück einer Pädagogik, die auf die Interessen und Themen des Kindes achtet. Die praktische Anwendung des Verfahrens besteht aus vier Schritten:

- wahrnehmend beobachten
- beschreiben
- reflektieren
- dokumentieren

(vgl. Schäfer/Alemzadeh 2012)

PROFESSIONELL BEOBACHTEN

Pädagogische Fachkräfte, die professionell beobachten, nehmen eine bestimmte Haltung dazu ein:

- Beobachtungen erfolgen ressourcenorientiert.
- Beobachtete Entwicklungsrückstände, Defizite im Sozialverhalten o. Ä. werden immer mit Fragen nach der Bedeutung für das Kind verknüpft (was das Kind damit ausgleichen will, welches Bedürfnis dahintersteht und welche Bewältigungsstrategien es selbst entwickelt).
- Das Kind wird entsprechend seinem Entwicklungsstand partizipativ in den Beobachtungsprozess eingebunden.
- Beobachtungen können aus verschiedenen Blickwinkeln erfolgen – es geht nicht um das eine, „wahre" Ergebnis.
- Die beobachtende Fachkraft ist sich bewusst, dass sie Teil des Beobachtungssystems ist, und reflektiert ihre Wahrnehmungen und Empfindungen.
- Beobachtungsergebnisse werden dokumentiert, Schlussfolgerungen relativiert.
- Das Team einigt sich auf gemeinsame Instrumente und Vorgehensweisen bei der Beobachtung und Dokumentation.

hene bewerte, auch das, wie du dich/die Situation/dein Verhalten erlebst?" Das heißt, das Kind wird zum/zur aktiven Partner*in im Beobachtungs- und Dokumentationsprozess. Hierin zeigt sich die partizipative Haltung im gesamten Beobachtungsgeschehen. Das hat auch seine Berechtigung, denn niemand möchte von anderen beobachtet und bewertet werden (und das auch noch schriftlich), ohne selber Mitspracherecht zu haben. Professionellen Fachkräften ist dabei bewusst, dass Menschen nie in ihrer gesamten Wirklichkeit erfasst werden können. Wir sehen immer nur einen Ausschnitt, haben zunächst nur unsere Perspektive. Um der „Wahrheit" möglichst nahezukommen, bedarf es immer unterschiedlicher (Beobachtungs-)Perspektiven: die der Erzieher*innen, die des Kindes und die der Eltern. Deshalb ist es angemessen, Beobachtungsergebnisse zu relativieren („Es scheint, dass …", „Wir haben den Eindruck, dass …") und nicht als „letzte Wahrheit" zu determinieren.

Ein Verfahren für das ganze Team

Einigt sich ein Team auf ein oder mehrere Beobachtungsverfahren, ist der Vergleich und Austausch zwischen den Kolleg*innen besser gewährleistet. Ebenso können die Ergebnisse dann mit den Eltern routinierter besprochen und ggf. eine weitere Sichtweise aus dem Team hinzugeholt werden. Ein wichtiges Auswahlkriterium für das Verfahren sollte sein, dass es eine Unterstützung für die Fachkräfte darstellt und nicht als zusätzliche Last wahrgenommen wird. Darüber hinaus sollte es die Reflexion mit Kolleg*innen ermöglichen und verschiedene Perspektiven zulassen. Nicht zuletzt muss auf die Ergebnisse Verlass sein. Das bedeutet, dass auf wissenschaftlich erprobte Verfahren zurückgegriffen werden muss. Selbst erstellte Beobachtungsbögen genügen einem professionellen Anspruch nicht.

Überprüfung einer Hypothese

Praxisbeispiel: Immer wieder stellen die pädagogischen Fachkräfte fest, dass dort, wo sich der 4-jährige Lukas aufhält, sehr rasch Streit zwischen den Kindern entsteht. Spielen mehrere Kinder mit ihm, kommen einzelne bereits nach kurzer Zeit weinend zur Erzieherin und berichten, Lukas habe sie geschlagen, das Spielzeug zerstört oder ihnen weggenommen. Spricht die Fachkraft den Jungen darauf an, antwortet er nicht und weicht ihrem Blick aus. Um mehr Klarheit zu bekommen, beschließt sie, Lukas gezielt zu beobachten. Der erste Schritt besteht im Aufstellen einer Hypothese (Vermutung/Annahme). In diesem Fall könnte sie lauten: „In unbeobachteten Momenten schlägt Lukas andere Kinder oder zerstört deren Spielsachen." Die Fachkraft spricht sich mit ihren Kolleginnen ab, damit sie ausreichend Zeit für die geplante Beobachtung hat. Dafür wählt sie die Freispielphase aus, wenn alle Kinder anwesend sind. Der günstigste Zeitraum dafür ist von 9 bis 9.30 Uhr. An mehreren Tagen der Woche wiederholt sie ihre Beobachtung und dokumentiert das Geschehen in einem sogenannten Verlaufsprotokoll. Gemeinsam mit den Kolleginnen sollen die Protokolle dann in einer Fallbesprechung ausgewertet werden. Dabei fließen auch die Einschätzungen des Kindes mit ein: Wie hat es sich in den entsprechenden Situationen gefühlt? Worüber freut es sich, wo/wann geht es ihm nicht gut? etc. Die Beobachtungen und die gemeinsame Auswertung zeigen, dass die Hypothese teilweise zutrifft. Befindet sich Lukas in einem eng begrenzten Raum (z. B. dem Bereich Bauen und Konstruie-

> Das Team sollte sich auf gemeinsame Beobachtungsverfahren einigen.

ren) zusammen mit mehreren Kindern, kommt es schnell zu den vermuteten Attacken. In großzügigeren Räumen bzw. Bereichen und nur mit einem oder zwei Spielpartner*innen konnte dagegen beobachtet werden, dass Lukas konzentriert und engagiert spielen kann – so wie andere Kinder seines Alters. Es wird deutlich:

- Lukas kann nicht als übermäßig aggressives Kind eingeschätzt werden.
- Vermutlich ist er in beengten Situationen überfordert.
- Er kann in solchen Situationen seine Impulse nur schwer kontrollieren.
- Ist die Spielsituation für ihn überschaubar, scheint er nicht in Stress zu geraten.

> Die Kinder werden partizipativ in den Beobachtungsprozess eingebunden.

Mithilfe der gezielten Beobachtung verdichtet sich die zunächst aufgestellte Hypothese zu einer sogenannten Arbeitshypothese, die als Leitlinie für die weitere pädagogische Arbeit mit Lukas dienen kann. Die Arbeitshypothese lautet nun: „In räumlich beengten und für ihn schwer überschaubaren Situationen ist Lukas überfordert und kann seine Impulse nur schwer kontrollieren." Als Folge der Beobachtungen und der Auswertung im Team sollen weitere Beobachtungen in ähnlichen Situationen durchgeführt werden, z. B. beim An- und Ausziehen in der engen Garderobe, bei Tätigkeiten in der kleinen Küche usw. Danach kann eine weitere Auswertung und Interpretation des Verhaltens erfolgen und Lösungsschritte können entwickelt werden (vgl. Pfreundner 2015, S. 65).

Durch diese Vorgehensweise wird der Kontext deutlich, in dem sich das auffällige Verhalten zeigt. Die pädagogischen Fachkräfte können nun gezielt intervenieren und Entlastung schaffen. Gleichzeitig wird vermieden, dass der Junge stigmatisiert wird. Stattdessen können ihm Wege aufgezeigt werden, mit deren Hilfe er das Dilemma, in das er in den genannten Situationen gerät, zunehmend selbstständig auflösen kann. ■

REFLEXIONSFRAGEN

- Wie wertschätzend erlebe ich/erleben andere meinen Blick auf und meine Ansprache an das mir anvertraute Kind?
- Was von dem, was ich sehe, erkenne und bewerte, hat mit mir und was davon mit dem Kind zu tun? Bin ich in der Lage, das zu erkennen und zu unterscheiden?
- Kann ich auch andere Perspektiven zulassen? Wie gehe ich damit um, wenn Eltern eine ganz andere Sichtweise zeigen?
- Ist es mir möglich, die Sichtweise und Empfindungen des Kindes zu erfahren? Wie binde ich diese in meine Beobachtungen mit ein?
- Mit welchen Kolleg*innen tausche ich mich aus? Wie werden Fallbesprechungen durchgeführt?

Verwendete Literatur

Arbeitsgemeinschaft der bayerischen Fachakademien für Sozialpädagogik (2018): Schlüsselkompetenzen der Erzieherin. www.faks-augsburg.de/wp-content/uploads/2018/03Schlüsselkompetenzen.pdf

Pfreundner, M. (2015): Auffälliges Verhalten von Kindern aus systemischer Sicht. kindergarten heute – wissen kompakt. Freiburg: Herder.

Schäfer, G. E./Alemzadeh, M. (2012): Eine Orientierungshilfe zum wahrnehmenden Beobachten. www.wahrnehmendes-beobachten.de/content/Orientierungshilfe-wahrnehmendes-Beobachten.pdf

Literatur zur Vertiefung

Bensel, J./Haug-Schnabel, G. (2016): Kinder beobachten und ihre Entwicklung dokumentieren. kindergarten heute – wissen kompakt. 12. Auflage, Freiburg: Herder.

Pfreundner, M. (2015): Auffälliges Verhalten von Kindern aus systemischer Sicht. Kapitel V: Gezielte Beobachtung. kindergarten heute – wissen kompakt. Freiburg: Herder.

Schäfer, G. E./Alemzadeh, M. (2012): Wahrnehmendes Beobachten. Beobachtung und Dokumentation am Beispiel der Lernwerkstatt Natur. Kiliansroda: verlag das netz.

Zwierlein, E. (2020): Erkenne dich selbst. Freiburg: Karl Alber.

3. Nähe und Distanz

„Nähe und Distanz" lässt sich nicht als starres Handlungs- oder Rollenmodell fassen, sondern das Verhältnis von Nähe und Distanz ändert sich dynamisch, von Moment zu Moment (vgl. Wirth 2018, S. 8). Die professionelle Gestaltung von förderlicher Nähe und notwendiger Distanz zu Kindern und Eltern erfordert daher von allen pädagogischen Fachkräften, sich fortlaufend mit dem Thema auseinanderzusetzen.

Nähe ermöglichen, wenn Kinder sie suchen

Nähe und Distanz zu Kindern

Wir wissen, dass im Rahmen vertrauensvoller Beziehungen zwischen pädagogischen Fachkräften und Kindern Lern- und Entwicklungsprozesse am besten gelingen. Gleichzeitig ist eine gewisse Distanz nötig, um die Gesamtsituation des Kindes möglichst objektiv einzuschätzen, angemessene Grenzen setzen zu können und übergriffiges Verhalten zu verhindern. Daraus ergibt sich ein Spannungsfeld, dem sich Fachkräfte bewusst stellen müssen.

Nähe zu Bindungspersonen zu suchen, ist ein überlebensnotwendiger Vertrauensvorschuss der Kinder. Durch Dialog und engagierte Begleitung entstehen häufig Situationen intensiver Nähe zwischen Kindern und Fachkräften. Für Letztere ist diese Nähe manchmal auch verführerisch. Werden unreflektierte eigene Bedürfnisse in die Beziehung hineingetragen, fehlt es an der erforderlichen professionellen Distanz. Dies kann zur Folge haben, dass die Fachkraft das Kind überfordert, indem sie dessen Fähigkeiten überbewertet und dadurch z. B. nicht in der Lage ist, erzieherisch notwendige Grenzen zu setzen. Ein Zeichen fehlender Distanz ist aber auch, wenn Verhaltensweisen von Kindern unreflektiert auf die eigene Person bezogen werden. Auf der anderen Seite gibt es Situationen, in denen es pädagogischen Fachkräften schwerfällt, angemessene emotionale Nähe zu einem Kind zuzulassen, auch wenn seinerseits ein offensichtliches Bedürfnis besteht. Die Beispiele machen deutlich, dass es für pädagogische Fachkräfte unabdingbar ist, die eigene Beziehung zu Kindern zu reflektieren und sich mit den Kolleg*innen über unterschiedliche Sichtweisen auszutauschen – mit dem Ziel, den Kindern Nähe und Distanz selbstbestimmt zu ermöglichen. Aus psychoanalytischer Sicht haben es auch Erzieher*innen immer mit zwei Kindern zu tun: dem Kind in der Kita und dem eigenen inneren Kind. Dass hier Übertragungen stattfinden können, sollte jeder Fachkraft bewusst sein. Hilfreich ist es, die eigenen Bedürfnisse ehrlich wahrzunehmen, sie jedoch nicht unreflektiert auf andere zu übertragen (vgl. ebd.).

Kinder sollen also darin bestärkt werden, ihr Bedürfnis nach Nähe und Schutz zu zeigen und gleichzeitig ihrem Drang nach Exploration ohne hindernde Einflüsse nachgehen zu können. Gerade bei jüngeren Kindern ist diesbezüglich ein hohes Maß an Feinfühligkeit erforderlich. Bleibt es bei einem unreflektierten „auf Nähe und Schutz ausgerichteten Interaktionsverhalten der Bezugsperson und reagiert sie nicht angemessen auf die Explorationsbedürfnisse des Kindes, ist dies für seine weitere Entwicklung nachteilig“ (Weltzien 2014, S. 55). Feinfühligkeit beinhaltet „auch eine gewisse Bescheidenheit (...), nicht beliebig über den Körper des Kindes zu verfügen. Die feinfühlige Bindungsperson nimmt dem Kind auch nichts ab, was es selbst tun könnte und meist auch möchte. Sie macht Angebote, aber sie tut wenig, wonach es nicht verlangt. Dadurch wird die kindliche Autonomie geachtet und ihre Entwicklung gefördert“ (Grossmann/Grossmann 2012, S. 124).

■ **Praxisbeispiel:** Hannah S. arbeitet als Praktikantin in der „Blumen-Kita“. Die neu aufgenommene Lara liegt ihr besonders am Herzen. Ihr tut das Kind leid, da es sich nur schwer in die Gruppe integriert und kaum Kontakte findet. Gleichzeitig hat sie das provokante Verhalten des Mädchens ihr gegenüber sehr getroffen. Im Gespräch mit ihrer Anleiterin berichtet sie von ihren ambivalenten Gefühlen gegenüber Lara. Sie äußert auch, wie schwer es ihr fällt, dem Kind angemessene Grenzen zu setzen, obwohl ihr das anderen Kindern gegenüber

> Ziel ist es, den Kindern Nähe und Distanz selbstbestimmt zu ermöglichen.

meist gut gelingt. Die Anleiterin hört ihr aktiv zu und zeigt Verständnis für ihre Befindlichkeit. Sie betont, wie wichtig die emotionale Zuwendung für Lara ist und dass Hannahs Stärke, ihre hohe Fähigkeit zur Empathie, für dieses Kind besonders unterstützend wirkt. Auf die Frage, was Hannah denn so berührt an Laras Situation, fällt der Praktikantin ein, dass sie selbst in Kita und Schule sehr zurückhaltend und schüchtern war und sie das forsche Vorgehen mancher Kinder sehr verletzt hat. Im Gespräch wird deutlich, dass sich Hannah ein Stück weit selbst in dem Mädchen sieht, dass hier also eine Übertragung stattfindet. Die Anleiterin erklärt Hannah, wie solche Übertragungen wirken und dass es wichtig ist, jede Situation eines Kinders individuell und mit einer gewissen professionellen Distanz zu betrachten. Gleichzeitig gibt sie auch den Gefühlen der Praktikantin Raum. So lernt Hannah, zwischen den Gefühlen, die sie mit in die Beziehung bringt, und dem, was Lara wirklich braucht, zu unterscheiden. Nach und nach kann sich Hannah so von den Gefühlen, die sie auf Lara übertragen hat, lösen und die Beziehung zu ihr neu gestalten. ■

> Eine vertrauensvolle Atmosphäre befördert die Erziehungspartnerschaft.

An diesem Beispiel wird deutlich, wie wichtig Biografiearbeit für pädagogische Fachkräfte ist, um auf professionelle Weise Nähe und Distanz gestalten zu können. „Individuelle Erlebnisse und Erfahrungen in Bezug auf Kinder (…) und deren institutionelle Betreuung prägen die Haltung der Fachkräfte. Die eigene familiäre Sozialisation und ‚Betreuungsbiografie‘, das gesellschaftliche und persönliche Bild von Mutterschaft, Familie und Kindheit dokumentieren sich in ihrer Handlungspraxis“ (Nentwig-Gesemann et al. 2012, S. 17).

Nähe und Distanz zu Eltern

In der Zusammenarbeit mit Eltern liegt es auf der Hand, dass in einer vertrauensvollen Atmosphäre die angestrebte Bildungs- und Erziehungspartnerschaft leichter zu erreichen ist. Dies erfordert Nähe und Begegnung. Viele Kitas haben dafür ausgereifte Konzepte entwickelt, die Eltern als Expert*innen ihrer Kinder in den Kita-Alltag integrieren. Grundsatz ist die offene und wertschätzende Haltung der pädagogischen Fachkräfte zu Eltern. Dazu gehört in erster Linie, die familiäre Erziehungsleistung anzuerkennen und vorhandene Ressourcen wahrzunehmen und einzubinden. Ebenso schließt eine professionelle Vorgehensweise mit ein, dass die Fachkraft eine Begegnung auf Augenhöhe ermöglicht. Um eine gelingende Erziehungspartnerschaft entstehen zu lassen, ist es erforderlich, den Fokus zunächst auf die positiven Aspekte und Gemeinsamkeiten zu richten. Auch wenn es zu Situationen kommt, in denen sich Fachkräfte klar abgrenzen müssen, kann diese wertschätzende Haltung bewahrt werden. Dazu stehen geeignete Kommunikationsmethoden wie z. B. gewaltfreie Kommunikation zur Verfügung (vgl. Pfreundner 2017, S. 22f.).

Im Mittelpunkt der Zusammenarbeit steht der Austausch über Bildungs- und Erziehungsfragen in Kita und Familie. Ziel ist es, die Kinder in ihrer Entwicklung optimal zu unterstützen. Um dieses Ziel zu erreichen, sollte der oft schmale Grat zwischen einer freundschaftlich orientierten Beziehung und professioneller Distanz gut

REFLEXIONSFRAGEN

- Für welche Kinder empfinde ich mehr Sympathie, für welche weniger? Was könnte der Grund dafür sein? Wie gehe ich damit um?
- Was ärgert mich am meisten an einem bestimmten Kind? Woher kommt dieses Gefühl? Wie kann ich damit umgehen und mehr Gelassenheit entwickeln?
- Gibt es bestimmte körperliche Merkmale eines Kindes, die mich anziehen oder abstoßen? Wie ist meine Reaktion darauf?
- Gibt es bestimmte Verhaltensweisen eines Kindes, die mich anziehen oder abstoßen? Wie ist meine Reaktion darauf?
- Kann ich ein Kind bedingungslos wertschätzen, auch wenn es mir schwerfällt?
- Was hilft mir dabei, Vertrauen in ein bestimmtes Kind zu finden bzw. mein Vertrauen zu stärken?
- In welchen Momenten fühle ich mich einem Kind besonders nahe? Zeige ich diese Gefühle oder warte ich erst einmal die Reaktion des Kindes ab?
- Gibt es Eltern, die mir besonders nahestehen und wie gehe ich damit um?
- Wie gehe ich mit Müttern oder Vätern um, die mir weniger sympathisch sind oder wo es bereits Konflikte oder Beschwerden gab?

ausbalanciert werden. In manchen Kitas ist es üblich, dass sich Fachkräfte und Eltern duzen, in anderen wird ausschließlich gesiezt. Beide Ansprachen haben ihre Vorteile. Doch auch wenn das Team beim „Du" mit den Eltern angekommen ist, kann die professionelle Distanz gewahrt bleiben. Das ist mit einem „Sie" vielleicht einfacher, aber wenn der Fokus auf dem gemeinsamen Ziel bleibt, sollte der professionelle Umgang auch beim Duzen möglich sein. Grenzüberschreitungen können beispielsweise dann gegeben sein, wenn zu viel Privates seitens der Eltern in die Gespräche einfließt. Damit die Kräfte weiterhin uneingeschränkt für die Bildung und Entwicklung der Kinder zur Verfügung stehen, sollten sich Erzieher*innen hiervon freundlich und klar abgrenzen. Ggf. stehen weitere Hilfsangebote zur Verfügung, auf die die Fachkraft verweisen kann. Eltern sollte ein verbindlicher Rahmen aus wertschätzender Beziehung einerseits und klaren Grenzen andererseits angeboten werden.

Dass es zwischen Eltern und pädagogischen Fachkräften zu unterschiedlichen Meinungen und Konflikten kommen kann, gehört zum Alltag und muss die angestrebte Bildungs- und Erziehungspartnerschaft nicht einschränken. Im Gegenteil: Gerade durch eine kompetente Vorgehensweise seitens der Fachkräfte tragen diese zu mehr Respekt bei den Eltern und einer Aufrechterhaltung der Kommunikation bei. Durch ein durchdachtes Beschwerde- und Konfliktmanagement beweist das Kita-Team seine Professionalität und verdeutlicht sein Profil.

Die Konstellation Eltern – Kind – Fachkraft

■ **Praxisbeispiel:** Die Erzieherin Elisabeth B. berichtet in der Supervision vom Widerstand der Eltern, insbesondere der Mutter, gegenüber fördernden Maßnahmen, die sie im Entwicklungsgespräch vorgeschlagen hat. Sie engagiert sich seit Beginn des Kindergartenjahres für den 4-jährigen Benjamin, der in seiner Sprachentwicklung nicht so recht vorankommt und zu anderen Kindern nur schwer Kontakt findet. Emotional spürt sie eine große Verantwortung für den Jungen und manchmal ist sie sogar richtig verzweifelt, dass die Familie eine weitergehende Förderung ablehnt. Ich bitte Elisabeth B., eine Stellvertreterin für die Mutter, das Kind und sich selbst aus den Teilnehmenden der Supervisionsgruppe zu bestimmen und diese so aufzustellen, wie sie die Beziehungen wahrnimmt. Die Stellvertreterin für sich selbst stellt sie ganz nah zum Kind, die Mutter etwas weiter weg. Befragt nach der jeweiligen Befindlichkeit der Protagonist*innen, äußert die Stellvertreterin der Mutter Ärger und Konkurrenzgefühl. Auch die Stellvertreterin der Erzieherin fühlt sich unwohl und der Stellvertreter für Benjamin ist hin- und hergerissen zwischen seiner Mutter und der Erzieherin. Allen Beteiligten geht es besser, nachdem sie einen Platz gefunden haben, an dem sie sich entspannter fühlen: Im Unterschied zum Ausgangsbild stehen nun Mutter und Kind nebeneinander, während die Erzieherin stärker auf Distanz gegangen ist. Durch die Aufstellungsarbeit hat Elisabeth B. die Erkenntnis gewonnen, dass sich durch ihre Haltung ein Konkurrenzgefühl bei der Mutter entwickelt hat, das ihr nicht bewusst war. In der folgenden Zeit entspannt sich die Situation zwischen den beiden Frauen, da die Erzieherin nun innerlich mehr loslassen und die Position der Mutter würdigen kann. ■

> Auch wenn sich Fachkräfte und Eltern duzen, ist professionelle Distanz möglich.

Das Praxisbeispiel verdeutlicht, wie entscheidend die professionelle Distanz bei gleichzeitiger Wertschätzung der Eltern ist. Eine entspannte Atmosphäre zwischen Fachkraft und Eltern verspricht mehr Erfolgsaussichten und bringt auch das Kind nicht zusätzlich unter Druck. Darauf zu achten und das Verhältnis zu reflektieren liegt in der Verantwortung der Fachkraft. Professionalität zeigt Elisabeth B., indem sie die Situation in die Supervision einbringt und bereit ist, sich persönlich und fachlich damit auseinanderzusetzen.

Verwendete Literatur

Grossmann, K./Grossmann, K. E.(2012): Bindungen. Das Gefüge psychischer Sicherheit. 5. Aufl., Stuttgart: Klett-Cotta.

Nentwig-Gesemann I./Fröhlich-Gildhoff, K./Harms, H./Richter, S. (2012): Professionelle Haltung – Identität der Fachkraft für die Arbeit mit Kindern in den ersten drei Lebensjahren. Eine Expertise der Weiterbildungsinitiative Frühpädagogische Fachkräfte (WiFF). München: DJI.

Pfreundner, M. (2017): Teamentwicklung. kindergarten heute – leiten kompakt. Freiburg: Herder.

Weltzien, D. (2014): Pädagogik: Die Gestaltung von Interaktionen in der Kita. Weinheim: Beltz Juventa.

Wirth, Jan V. (2018): Nähe | Distanz. Eine informative Ambivalenz professionellen Handelns in Sozialer Arbeit. Dargestellt mithilfe ausgewählter Fallbeispiele. www.systemisch-arbeiten.info/pdf/aufsaetze/Wirth-2017-naehe-und-distanz-lehrartikel.pdf

Literatur zur Vertiefung

Deutsche Akademie für Kinder- und Jugendmedizin e.V. (2013): So gehen Sie richtig mit Eltern um. Auch Eltern brauchen Grenzen. www.printfriendly.com/p/g/piXXBA

Orban, R./Wiegel, G. (2009): Ein Apfel ist ein Pfirsich mit Teppich drauf. Systemisch arbeiten im Kindergarten. Heidelberg: Carl-Auer.

Piontek, R. (2002): Persönliche Entwicklung und Beziehungsgestaltung gehen Hand in Hand. In: TPS, 8/2002, S. 16–20.

VI

Lebenslanges Lernen und Weiterentwicklung

Eine innere Haltung zu entwickeln, die sich aus persönlichen Erfahrungen, der eigenen Bildungsbiografie, verinnerlichtem Fachwissen aus Aus- und Fortbildung sowie Erfahrungswissen aus dem Berufsalltag speist, ist für pädagogische Fachkräfte unabdingbar. Ebenso wie die Bereitschaft zu lebenslangem Lernen, also zu beständiger (fachlicher) Weiterentwicklung.

1. Innere Haltung

In den meisten Kapiteln dieses Heftes ist die Rede von der inneren Haltung im Rahmen einer bestimmten Schlüsselkompetenz (z. B. inklusive Haltung). Das zeigt die starke Präsenz des Themas in der Pädagogik. Dies kommt nicht von ungefähr, denn die innere Haltung bestimmt mehr als alles andere den Bezug eines Menschen zu seiner Umwelt: „Als innere Haltung bezeichnet die Psychologie die Einstellung, mit der Menschen auf ihre Umwelt reagieren, seien es andere Menschen oder Erlebnisse, und wie sie ihre Umwelt bewerten. Diese innere Haltung drückt sich aus in Weltanschauungen, Gefühlen und Handlungen. Werte und Normen, Vor- und Nachurteile, Aktivität oder Passivität, Engagement oder Lethargie stehen im Wechselspiel zur inneren Haltung“ (Anhaltz 2020). Deutlich wird, dass die innere Haltung der Erzieher*innen entscheidenden Einfluss auf die Bewertung und Gestaltung von Alltagssituationen in der Kita hat. Deshalb ist es notwendig, sich damit auch im Kontext der pädagogischen Arbeit auseinanderzusetzen.

Wichtige Faktoren

Verhältnisse ändern sich immer wieder und somit werden die genannten Faktoren (s. Kasten) auch immer wieder neu bewertet und erfahren somit eine andere Gewichtung. Welche Auswirkungen diese dann auf die pädagogische Praxis und die eigene Arbeitssituation haben, ist individuell ganz unterschiedlich. Ein Beispiel mag dies verdeutlichen.

■ **Praxisbeispiel:** Die Erzieherinnen Beate S. und Marie V. haben die gleiche Ausbildung durchlaufen. Nach ihrem Abschluss mit staatlicher Anerkennung treffen sie sich voller Optimismus und Vorfreude auf die neue Aufgabe als Kolleginnen in der gleichen Kita wieder. Dort sind die Rahmenbedingungen nicht gerade optimal; Personal- und Raumknappheit führen zu ständiger Belastung. Ziemlich bald wird den beiden klar, dass sie ihre pädagogische Idealvorstellung erst einmal nur sehr reduziert einbringen können und im pädagogischen Alltag rasch an ihre Grenzen kommen. Sie verspüren beide Frustration, reagieren aber sehr unterschiedlich darauf. Während Beate S. schnell resigniert, mit anderen Kolleginnen über die schlechten Bedingungen schimpft und die Verantwortung für die mangelhafte pädagogische Qualität nur beim Träger sieht, handelt Marie V. ganz anders. Sie analysiert für sich die Situation, sucht „Inseln“ im pädagogischen Alltag, in denen sie autonom nach ihren Vorstellungen mit Kindern arbeiten kann. Außerdem engagiert sie sich in der Mitarbeiter*innenvertretung für bessere Arbeitsbedingungen. ■

> Die innere Haltung der Fachkräfte hat großen Einfluss auf Qualität und Erfolg der pädagogischen Arbeit.

Das Beispiel wirft Fragen auf:

- Wie könnten sich die beiden Erzieherinnen in ihrer jeweiligen Rolle fühlen?
- Wie wirkt sich diese auf die eigene Zufriedenheit aus?
- Was macht die innere Haltung der beiden Kolleginnen aus?
- Welche Strategie führt langfristig zu Erfolg und mehr Zufriedenheit?

Gibt es eine „richtige“ Haltung?

Die innere Haltung ist Voraussetzung, um Zugang zu Kindern, Eltern und Kolleg*innen zu bekommen. Für die Gestaltung einer tragfähigen Beziehung zu den Kindern ist sie sogar entscheidend. Ebenso prägt die innere Haltung der Fachkraft die Qualität und den Erfolg der pädagogischen Arbeit. Folgende Aspekte können als Maßstab für die innere Haltung von Erzieher*innen angesehen werden:

Aspekt der Gleichwürdigkeit

Der Grundsatz der Gleichwürdigkeit wurde von dem dänischen Familientherapeuten Jesper Juul geprägt. „Gleichwürdig bedeutet nach meinem Verständnis sowohl ‚von gleichem Wert‘ (als Mensch) als auch ‚mit demselben Respekt‘ gegenüber der persönlichen Würde und Integrität des Partners. In einer gleichwürdigen Beziehung werden Wünsche, Anschau-

WAS MACHT DIE INNERE HALTUNG VON ERZIEHER*INNEN AUS?

Die innere Haltung wird durch folgende Faktoren bestimmt:

- persönliche Erfahrungen
- eigene Bildungsbiografie
- verinnerlichtes Wissen durch Aus- und Fortbildung
- Erfahrungen im Berufsalltag
- Arbeitsbedingungen

ungen und Bedürfnisse beider Partner gleichermaßen ernst genommen und nicht mit dem Hinweis auf Geschlecht, Alter oder Behinderung abgetan oder ignoriert. Gleichwürdigkeit wird damit dem fundamentalen Bedürfnis aller Menschen gerecht, gesehen, gehört und als Individuum ernst genommen zu werden" (Juul 2016, S. 23f.). Durch Verinnerlichung dieser Haltung begegnen Fachkräfte Kindern mit Offenheit und Interesse, sie können zulassen, dass diese ihre eigenen Erfahrungen machen, und begleiten sie dabei. Das heißt nicht, dass sie nicht mal anderer Meinung sind und diese auch vertreten bzw. Grenzen setzen, wo diese notwendig sind. Aber dabei wird die Ebene des Respekts gegenüber dem Kind nicht verlassen – und es geht immer um die Sache, nicht um die Beziehung.

> Auch für die Gestaltung tragfähiger Beziehungen zu den Kindern ist die Haltung entscheidend.

Umgang mit Aggression

Auch wenn Fachkräfte ihre Beziehung zu den Kindern auf Gleichwürdigkeit und Respekt aufbauen, müssen sie sich immer auch mit deren natürlichen Aggressionen auseinandersetzen und dazu eine klare Haltung entwickeln. „Aggressives Verhalten beginnt, wenn der ruhige Fluss der Interaktionen blockiert ist und einer Person in einer bedeutenden Beziehung plötzlich die Erfahrung, für das Gegenüber wertvoll zu sein, abhandenkommt" (Juul 2014, S. 81). Kinder wehren sich häufig dann, wenn sie das Gefühl haben, für einen wichtigen Menschen nicht wertvoll zu sein. Fühlen sie sich mit ihren Wünschen und Bedürfnissen nicht ernst genommen, verleihen sie diesen oft kraftvoll Nachdruck. Fachkräfte, die die von Juul beschriebene Erkenntnis als Haltung verinnerlicht haben, tragen Kindern nichts nach, sondern analysieren deren aktuelle Situation und reflektieren ihren eigenen Kontakt zu ihnen. Darüber hinaus setzen sie sich auch mit den eigenen Aggressionen auseinander, sodass diese nicht unreflektiert und in schädigender Form auf Kinder übertragen werden.

Anerkennung und Wertschätzung

Soziale Bedürfnisse wie Anerkennung, Zuneigung und Wertschätzung verhelfen Menschen zu Zufriedenheit, seelischer Gesundheit und Erfolg. „Wer gelernt hat, mit sich selbst liebevoll und pfleglich umzugehen, hat gleichzeitig gelernt, wie er/sie das auch mit anderen Menschen tun kann. Insofern fördert der sensible Umgang der Erwachsenen mit Kindern in den Alltagssituationen nicht nur deren Selbstkompetenzen, sondern in hohem Maße auch ihre sozialen Kompetenzen. (...) Kinder, die wahrgenommen und gesehen werden, lernen, andere Menschen zu sehen und wahrzunehmen" (van Dieken/van Dieken 2014, S. 9). Gerade Kinder, die mit ihrem Verhalten auffallen, brauchen reflektierte, empathische und gefestigte Erwachsene, die ihnen Wertschätzung entgegenbringen, ihr Verhalten verstehen und deuten können und adäquat darauf reagieren (vgl. auch Marx 2012).

Authentizität

Authentische Personen sind sich ihrer Stärken und Schwächen bewusst und zeigen sich auch mit ihren vermeintlichen Fehlern. Sie tragen für sich selbst die Verantwortung: für ihre Gefühle, ihre Gedanken, ihre Werte und ihr Verhalten. Deutlich wird dies besonders dann, wenn sie bei Fehlverhalten in der Lage sind, sich zu reflektieren und dafür die Verantwortung zu übernehmen, ohne die Schuld beim anderen zu suchen. In der Kita kann ein solcher Umgang mit sich selbst durch aktive Begleitung durch die Fachkräfte und in der Auseinandersetzung mit anderen Kindern eingeübt werden. „Neben der persönlichen Verantwortung gibt es die soziale Verantwortung gegenüber anderen, die sich ausdrückt in Hilfsbereitschaft, Respekt, Rücksichtnahme und Empathie. Beides erlernen Kinder am besten, wenn es ihnen vorgelebt, statt gepredigt wird" (Kolbe/Bergmann 2016, S. 10f.).

Integrität

Diese leitet sich direkt aus der Authentizität der Fachkräfte ab. Indem sie die eigenen Bedürfnisse, Wünsche und Gefühle wahrnehmen und ausdrücken, bleiben sie bei sich und schützen sich selbst. Tut man etwas, von dem man nicht überzeugt ist und was man eigentlich nicht möchte, gefährdet man die persönliche Integrität. Es stellt dabei immer eine Herausforderung dar, sich der Gemeinschaft, (z.B. dem Kita-Team) anzupassen, ohne sich selbst dabei aufzugeben (vgl. ebd.). Das Vorleben von Integrität und die Auseinandersetzung mit den Kindern im pädagogischen Alltag gibt diesen eine gute Grundlage, um ihre personalen Kompetenzen weiterzuentwickeln.

Ist Haltung erlernbar?

Auch der Gehirnforscher Gerald Hüther macht deutlich, wie entscheidend die innere Haltung für das eigene (Berufs-)Leben ist. Aus seiner Sicht ist Haltung eng verknüpft mit Erfahrungen, die emotional geprägt und deshalb auch nur schwer veränderbar sind. Insofern bewirken auch rationale Argumente meist keine Veränderung der inneren Haltung.

■ **Praxisbeispiel:** Elsbeth K. ist Leiterin der Kita „Wiesengrund". An einem Elternabend möchte sie einige skeptische Eltern davon überzeugen, dass Kinder im freien Spiel wesentliche Erfahrungen für ihre sozial-emotionale Entwicklung, Wahrnehmung und Intelligenz machen. Sie hat sich gut vorbereitet und hält einen gelungenen Vortrag. Trotzdem erreicht sie manche Eltern nicht. Einige sind sehr fixiert darauf, dass ihr Kind die, ihrer Ansicht nach, bestmögliche Bildung und daher viel Faktenwissen schon in der Kita erwerben soll. Am liebsten wäre ihnen ein durchgetakteter Vormittag, im Laufe dessen die Kinder mithilfe spezieller Programme in verschiedenen Disziplinen gefördert werden. Aus diesen unterschiedlichen Haltungen zu vorschulischer Bildung ergibt sich eine erregte Diskussion, die letztlich ergebnislos endet. Elsbeth K. sucht das persönliche Gespräch mit einzelnen Müttern und Vätern, die den konträren Standpunkt vertreten, und versucht ihnen in einer entspannten und warmherzigen Atmosphäre den konzeptionellen Ansatz der Kita nahezubringen. Obwohl die emotionale Nähe von den Eltern erwidert wird, muss sie feststellen, dass auch diese keine Veränderung der inneren Haltung bewirkt. ■

> Die innere Haltung passt sich an veränderte Bedingungen und individuelle Erkenntnisse an.

Was wäre die Antwort des Gehirnforschers darauf? Blockieren starke konträre Standpunkte den gemeinsamen Prozess, ist es am erfolgversprechendsten, das Gegenüber zu ermutigen und einzuladen, eine neue Erfahrung zu machen. „Weil ja individuell erworbene Haltungen durch entsprechende Erfahrungen entstanden sind, können andere Haltungen auch nur durch andere Erfahrungen gemacht und im Hirn verankert werden" (Hüther o. J., S. 6). Die innere Haltung der Kita-Leiterin ist hierbei entscheidend. „Denn um andere Menschen einladen, inspirieren, ermutigen zu können, muss man diese Anderen mögen, müssen einem diese Anderen wichtig sein, ebenso wie das, wozu man sie gern einladen, inspirieren und ermutigen möchte" (ebd.). So lädt sie nun an einem weiteren Nachmittag die Eltern dazu ein, ihre eigenen Erfahrungen zu machen. Das Team der Kita stellt verschiedene Materialien bereit, mit denen sich die Eltern eine Stunde lang frei beschäftigen können. Anschließend setzen sie sich zusammen und tauschen sich darüber aus, welche Erfahrungen sie selbst machen konnten und was diese bei ihren Kindern bewirken könnten. Somit ist ein gemeinsamer Prozess entstanden, der nach dieser Erfahrung sicherlich nicht abgeschlossen ist, aber bei dem es gut miteinander weitergehen kann.

Veränderung der inneren Haltung

Da die innere Haltung so entscheidend dafür ist, wie die Erfahrungen und das Wissen der Erzieher*innen in der pädagogischen Praxis umgesetzt und angewandt werden, steht sie auch immer wieder auf dem Prüfstand. Die meisten haben schon einige Veränderungen der inneren Haltung erfahren. Häufig ist es ein Anpassungsprozess an veränderte Bedingungen und individuelle Erkenntnisse. Dieser sollte dazu führen, dass die Qualität der pädagogischen Arbeit stetig zunimmt und die Kinder sich optimal entwickeln können. Nachhaltig gelingt dies, wenn die Hintergründe dieses Wandels hinterfragt und in der Auseinandersetzung mit Kolleg*innen reflektiert werden.

REFLEXIONSFRAGEN

- Welches sind meine wesentlichen persönlichen Leitlinien in Bezug auf meine pädagogische Arbeit?
- Nutze oder suche ich Gelegenheiten, mich mit anderen darüber auszutauschen?
- Beeinflussen mich Vor- oder Nachurteile?
- Stehe ich zu meiner Haltung?
- Bin ich auch manchmal verunsichert und was bewirkt diese Verunsicherung?
- Wie reagiert meine Umgebung, wenn ich klar und sicher auftrete?
- Bekomme ich Feedback von Kolleg*innen oder Eltern?

Verwendete Literatur

Anhaltz, L. (2020): Innere Haltung – Psychische Resilienz. www.heilpraxisnet.de/ganzheitliche-medizin/innere-haltung-definition-und-bedeutung

Hüther, G. (o.J.): Auf dem Weg zu einer anderen Schulkultur: Die Bedeutung von Geist und Haltung aus neurobiologischer Sicht. www.hf.uni-koeln.de/data/gbd/File/inkoetext/SchulkulturHuether.pdf

Juul, J. (2014): Aggression. Warum sie für uns und unsere Kinder notwendig ist. 2. Aufl., Frankfurt a. M.: Fischer.

Juul, J. (2016): Was Familien trägt. Werte in Erziehung und Partnerschaft. 8. Aufl., Weinheim, Basel: Beltz.

Kolbe, B./Bergmann, W. (2016): Trotzphasen bei Kita-Kindern. Die schnelle Hilfe! Berlin: Cornelsen.

Marx, A. (2012): Eine positive Konfliktkultur entwickeln – am Beispiel Palaverzelt. Anregungen zum Aufbau einer positiven Konfliktkultur im Kindergarten. In: KiTa aktuell recht, 4/2012, S. 129–134.

van Dieken, C./van Dieken, J. (2014): Ganz nah dabei. Alltagssituationen in Kitas für 0- bis 3-Jährige. Arbeitsmaterial für Teamfortbildung, Ausbildung und Elternabend. Berlin: Cornelsen.

Literatur zur Vertiefung

Bott, U. (2017): Stressfrei und gelassen. Professionalität im Kita-Alltag. Freiburg: Herder.

Hüther, G. (2008): Die Zukunft des Lernens. DVD. Müllheim: Auditorium.

QiK Online-Akademie (2020): Was ist eigentlich eine pädagogische Haltung?! Video verfügbar unter: YouTube (unter diesem Titel).

2. Kontinuierliche Weiterentwicklung

Früher oder später entsteht bei vielen Erzieher*innen der Wunsch nach einer Fort- oder Weiterbildung. In den meisten Fällen handelt es sich dabei um das Bedürfnis, das persönliche Fachwissen zu erweitern, oder aber auch den Wunsch, die eigene Arbeit zu reflektieren. Verschiedene Studien zeigen die hohe Fortbildungsbereitschaft pädagogischer Fachkräfte (vgl. Gieseke 2007, Tippelt/von Hippel 2009). Sie haben im Vergleich zu den anderen pädagogischen Berufsgruppen die höchsten Werte beim Item „Jeder sollte bereit sein, sich ständig weiterzubilden" (von Hippel 2011, S. 248).

Lebenslanges Lernen

Die Zeit der linearen Berufsbiografien ist in den meisten Arbeitsfeldern vorbei. Berufliche Kompetenz wird nicht mehr nur einmalig durch eine abgeschlossene Ausbildung erlangt, sondern auch durch das konkrete Handeln in der beruflichen Alltagspraxis. Jede*r hat nach dem Erwerb von beruflicher Erfahrung mehr Kompetenzen, als ihr/sein Zeugnis bescheinigt. Zudem haben die letzten Jahrzehnte gezeigt, dass wissenschaftliche Erkenntnisse sowie neue Bildungspläne und Gesetze die pädagogische Arbeit radikal verändert haben und immer wieder neue Erkenntnisse und Themen aufkommen. Gerade in einem Berufsfeld, das durch gesellschaftliche Veränderungen so stark beeinflusst wird und damit einer ständigen berufsspezifischen Dynamik unterliegt, kommt dem Bereich Fort- und Weiterbildung ein hoher Stellenwert zu.

> Verschiedene Studien zeigen eine hohe Fortbildungsbereitschaft pädagogischer Fachkräfte.

Das persönliche Fachwissen in Fortbildungen erweitern

■ **Praxisbeispiel:** Helga S., 53 Jahre alt, leitet seit 12 Jahren das ev. Kinderhaus „Kunterbunt". Zuvor war sie 28 Jahre in zwei anderen Kitas tätig: als pädagogische Fachkraft, später dann auch als stellvertretende Leitung. Sie hat sich nun entschieden, eine Weiterbildung zur Systemischen Beraterin zu absolvieren. Ihr Ziel ist es, Hintergründe von Gesprächspartner*innen zu verstehen und systemische Kommunikationstechniken anzuwenden. Mit dem Träger konnte sie sich auf einen Zuschuss zu den Kosten einigen und zehn Fortbildungstage bekommen. Den Rest des nötigen Zeitaufwandes bestreitet sie aus angefallenen Überstunden oder in ihrer Freizeit. ■

Bildungsurlaub

Pädagogische Fachkräfte haben nach dem Bildungsurlaubsgesetz (BFQG) einen Rechtsanspruch auf jährlich fünf Tage Bildungsurlaub. In den meisten Einrichtungen sind mindestens zwei Fortbildungstage im Jahr auch gängige Praxis. Dennoch kommt es durch personelle Engpässe und Budgetkürzungen immer wieder vor, dass Erzieher*innen wenig oder gar keine Zeit für Fortbildungsveranstaltungen aufwenden können.

Fort- oder Weiterbildung?

Von einer Fortbildung wird dann gesprochen, wenn die Maßnahme auf den in Ausbildung und Praxis entwickelten Schlüsselkompetenzen aufbaut. Fortbildungen für pädagogische Fachkräfte sind in der Regel eher kurze Maßnahmen. Hier soll das vorhandene Wissen erhalten, vertieft und erweitert werden. Unterschieden wird zwischen Erhaltungs-, Erweiterungs- und Anpassungsfortbildungen. Eine Anpassungsfortbildung kann auch vom Träger der Einrichtung eingefordert werden, z.B. wenn Erzieher*innen mit entsprechender Qualifikation angestellt werden, ihre Ausbildung aber in einem anderen Land abgeschlossen haben. Als Einstellungsvoraussetzung kann dann z.B. eine Fortbildung zu den Inhalten und der Umsetzung des Bildungsplanes des jeweiligen Bundeslandes gefordert werden. Die erworbenen Inhalte werden mit einer Teilnahmebestätigung nachgewiesen.

Eine Weiterbildung ist dagegen viel umfangreicher und man beschäftigt sich während dieser Schulung mit vielen Themen, um z. B. seine Chancen auf dem Arbeitsmarkt zu verbessern, bessere Aufstiegsmöglichkeiten zu haben oder die Qualität der eigenen Arbeit zu steigern. Wer sich intensiver weiterbilden und qualifizieren möchte, kann an einer zertifizierten Zusatzqualifikation teilnehmen, die berufsbegleitend über einen längeren Zeitraum hinweg stattfindet, wie z. B. eine Weiterbildung zum/zur Sozialfachwirt*in, Spiel- oder Theaterpädagog*in, Wald- und Naturerzieher*in, Fachkraft für Frühpädagogik u. v. m. Diese längerfristigen Weiterbildungen führen meist zu einer höheren oder anderen beruflichen (Zusatz-)Qualifikation. Die erfolgreiche Teilnahme wird in der Regel durch bestimmte Leistungsnachweise, ein Kolloquium oder schriftliche Arbeiten nachgewiesen und die Teilnehmer*innen erhalten nach erfolgreichem Abschluss ein Zertifikat.

Weiterführende Studiengänge

Darüber hinaus haben Erzieher*innen die Möglichkeit, eine ergänzende Berufsausbildung zu absolvieren, beispielsweise zum/zur Heilpädagog*in oder Sozialpädagog*in. Hierzu ist die Fach- bzw. Hochschulreife notwendig. Seit einigen Jahren gibt es auch frühpädagogische Studiengänge für Fachkräfte in Kitas. An diesen (Fach-) Hochschulen können staatlich anerkannte Erzieher*innen Aufbaustudiengänge zu früher Kindheit, Bildung oder Sozialmanagement belegen.

Fachtagungen

Eine weitere Möglichkeit besteht in der Teilnahme an Tagungen, Kongressen oder anderen Fachveranstaltungen zu bestimmten Themen. Hier kann man Vorträge pädagogischer Expert*innen hören und an verschiedenen Workshops teilnehmen.

Inhouse-Fortbildung

Gerne wird von Teams die Möglichkeit einer sogenannten Inhouse-Fortbildung genutzt. Eine Referentin oder ein Referent kommt dazu in die Kita und hält die Fortbildung vor Ort ab. Die Rahmenbedingungen können dann individuell vereinbart werden. Je nach Bedarf wählt das Team eine ein- oder mehrtägige Veranstaltung. Darüber hinaus besteht die Möglichkeit, nach einer Praxisphase die erworbenen Kenntnisse und Kompetenzen noch einmal mit der Referentin oder dem Referenten zu evaluieren. Manche Träger ermöglichen frei wählbare Schließtage, an denen der Kitabetrieb ruht und die Zeit für die gemeinsame Fortbildung genutzt wird. Diese Art der Fortbildung hat den Vorteil, dass alle Mitarbeiter*innen das gleiche Wissen erwerben und dieses dann gemeinsam in die Praxis umsetzen können. Diese Form der Fortbildung eignet sich sehr gut zu Themen der Teamentwicklung.

■ **Praxisbeispiel:** Das Team der Kita „St. Hubertus" hat sich durch die verordneten Maßnahmen im Zuge der Corona-Pandemie gekämpft. Alle Mitarbeiter*innen spüren die Belastung und Unsicherheit. Viele stört es, dass sie die mühsam erarbeitete Umsetzung des teiloffenen Konzepts für eine Weile ruhen lassen müssen. Einige Kolleg*innen haben sich über längere Zeit nicht gesehen. Missstimmung macht sich breit und das bröckelnde „Wir-Gefühl" (Pfreundner 2017, S. 5f.) sowie eine unklare Kommunikation werden beklagt. Als die Kita wieder öffnen darf, schlägt die Leitung vor, eine Inhouse-Veranstaltung zu organisieren. Auch der Träger gibt grünes Licht. Das Team nimmt sich zwei Tage unter der Moderation eines Coachs Zeit, um in einen „Wir-Prozess" einzusteigen. In diesem Rahmen können die Teammitglieder alles einbringen, was sie bewegt, sich einander wieder annähern und definieren, was sie als Team ausmacht. Einen Monat später trifft sich das Team noch einmal zur Auswertung mit dem Coach. Für die gemeinsame Evaluation wird eine längere Teamsitzung genutzt. Der Effekt ist verblüffend! Seitdem viele Aspekte, aufgestaute Gefühle und Befürchtungen angesprochen wurden, ist auch die Kommunikation wieder klarer und konstruktiver. Das Team hat viele seiner Ressourcen wiederbelebt, was auch die gelöstere Stimmung zeigt. ■

> In den meisten Kitas sind zwei Fortbildungstage im Jahr gängige Praxis.

MOTIVATION ZUR WEITERBILDUNG

Diese kann in dem Wunsch bestehen,

- sich individuell weiterzubilden,
- die eigene Karriere zu planen,
- eigene Stärken zu erkennen und weiterzuentwickeln,
- sich beruflich und persönlich (neu) zu orientieren,
- (wieder) ins Berufsleben einzutreten,
- sich besser präsentieren zu können,
- Situationen aus der pädagogischen Praxis zu reflektieren,
- sich dem Niveau und der pädagogischen Qualität einer bestimmten Institution anzupassen u. v. a. m.

Fachliteratur
Neben der Teilnahme an Fort- oder Weiterbildungen, Seminaren oder Tagungen sollte sich jede pädagogische Fachkraft regelmäßig Zeit für die Lektüre von fachspezifischen Zeitschriften und Büchern nehmen und sich mit den aktuellen Fachthemen auseinandersetzen.

Qualität in Fort- und Weiterbildung
Die Zahl der Anbieter von Fort- und Weiterbildungen ist sehr groß, das Angebot an Veranstaltungen fast unüberschaubar, die Trägerschaft vielfältig. Auf den ersten Blick lassen sich Qualitätsunterschiede oft kaum erkennen. Darum lohnt es sich, genauer hinzuschauen. Schöne, bunte Internetauftritte oder Hochglanzbroschüren sind kein Garant für eine hohe Professionalität des Anbieters oder die Qualität seiner Weiterbildungen. Angebote enthalten in der Regel eine Kurzbeschreibung, in der idealerweise Inhalte, Ziele und Methoden skizziert sind.

> Fachkräfte sollten überprüfen, ob das Weiterbildungsangebot wirklich den eigenen Bedürfnissen entspricht.

Viele Programme von Weiterbildungsträgern informieren auch über die Viten der Dozenten und Dozentinnen.

Es ist ratsam, zu überprüfen, ob das Weiterbildungsangebot wirklich den eigenen Bedürfnissen entspricht. Für Weiterbildungen, die sich über einen längeren Zeitraum erstrecken, bieten seriöse Träger z. B. unverbindliche Informationsveranstaltungen, Beratung oder Einstiegsseminare zum Kennenlernen an. Ein wichtiges Qualitätsmerkmal ist auf alle Fälle eine staatliche Anerkennung als Träger der Weiterbildung sowie die Trägeranerkennung nach der Akkreditierungs- und Zulassungsverordnung Arbeitsföderung (AZAV) entsprechend dem Qualitätsstandard. Diese ist u. a. erforderlich, wenn Erzieher*innen ihre Fortbildung über die Agentur für Arbeit bezuschussen lassen möchten. Verschiedene Träger haben dieses Qualitätssiegel; Teilnehmer*innen von Weiterbildungsmaßnahmen können dort Bildungsgutscheine geltend machen. Sinnvoll ist es auch, Informationen über Ausbildung und beruflichen Werdegang der Dozent*innen einzuholen. Idealerweise bietet ein Träger nicht nur Weiterbildungen für Erzieher*innen an, sondern verfügt – als Träger von Kindertageseinrichtungen – auch über Erfahrungen in der Praxis der Kindertagesbetreuung.

WiFF
Seit einigen Jahren existiert die Weiterbildungsinitiative Frühpädagogische Fachkräfte (WiFF). Sie ist eine gemeinsame Initiative des Bundesministeriums für Bildung und Forschung und der Robert Bosch Stiftung in Zusammenarbeit mit dem Deutschen Jugendinstitut (DJI). Die WiFF möchte Impulse für mehr Qualität und Durchlässigkeit im System der frühpädagogischen Weiterbildung in Deutschland geben und hat dazu gemeinsam mit einer Expert*innengruppe Qualitätsstandards für frühpädagogische Weiterbildungen erarbeitet, die unabhängig von Themen und Formaten formuliert sind. Zentrales Anliegen ist dabei die systematische Vernetzung der Weiterbildungsanbieter sowie die Förderung der Qualität der Weiterbildungsinhalte und -strukturen.

Verwendete Literatur

Bundesministerium für Arbeit und Soziales (2020): Akkreditierungs- und Zulassungsverordnung Arbeitsförderung (AZAV). www.bmas.de/DE/Themen/Arbeit/Arbeitsfoerderung/akkreditierung.html
Gieseke, H. (2007): Pädagogik als Beruf. Grundformen pädagogischen Handelns. 9. Aufl., Weinheim: Juventa.
Hippel, A. von (2011): Fortbildung in pädagogischen Berufen. Zentrale Themen, Gemeinsamkeiten und Unterschiede der Fortbildung in Elementarbereich, Schule und Weiterbildung. In: Zeitschrift für Pädagogik, 57. Beiheft. Weinheim: Beltz, S. 248–267.
Pfreundner, M. (2017): Teamentwicklung. kindergarten heute – leiten kompakt. Freiburg: Herder.
Tippelt, R./Hippel A. von (Hrsg.) (2009): Handbuch Erwachsenenbildung/Weiterbildung. 5. Aufl., Heidelberg: Springer.

Literatur zur Vertiefung

Bundesagentur für Arbeit (o. J.): Kursnet. Das Portal für berufliche Aus- und Weiterbildung. https://kursnet-finden.arbeitsagentur.de/kurs/
Bundesministerium für Bildung und Forschung (Hrsg.) (2017): Profis für die Kita. Ergebnisse und Impulse der Forschung zur Aus-, Fort- und Weiterbildung von pädagogischen Fachkräften. Bielefeld: Bertelsmann.
Expertengruppe Berufsbegleitende Weiterbildung/WiFF (Hrsg.) (2013): Qualität in der Fort- und Weiterbildung von pädagogischen Fachkräften in Kindertageseinrichtungen. www.weiterbildungsinitiative.de/publikationen/detail/qualitaet-in-der-fort-und-weiterbildung-von-paedagogischen-fachkraeften-in-kindertageseinrichtungen
Fortbildung.net (2020): Weiterbildungsförderung: So finanzieren Sie Ihre Weiterbildung. www.fortbildung.net/ratgeber/weiterbildungsfoerderung

3. Checkliste für den individuellen Bedarf

Die Checkliste (s. S. 63) unterstützt pädagogische Fachkräfte dabei, ihren individuellen Bedarf an Weiterentwicklung zu überprüfen. Kita-Leitungen gibt sie Orientierung bei der Frage, welche Schlüsselkompetenzen im Team noch mehr gestärkt werden könnten, um die pädagogische Qualität und die Zusammenarbeit zu verbessern. Dazu bieten sich viele Möglichkeiten an: Gemeinsame Teamfortbildungen können innovative Prozesse in Gang bringen und gleichzeitig das „Wir-Gefühl" im Team stärken (s. Inhouse-Fortbildung). Individuelle Fortbildungen wählen die Fachkräfte gezielt aus, um die eigene berufliche Qualifikation zu erweitern. Fachberatung, Supervision und Coaching können sowohl individuell als auch für das gesamte Team genutzt werden. Reflexion und Evaluation unter fachlicher Begleitung bewirken eine professionelle Auseinandersetzung mit der Umsetzung der Schlüsselkompetenzen in die Praxis.

■ **Praxisbeispiel:** Jährlich plant das Team der Kita „St. Ulrich" gemeinsame Teamtage mit professioneller Begleitung ein. Neben der fachlichen Weiterentwicklung bietet die gemeinsame Zeit den Teammitgliedern auch die Möglichkeit zum intensiven Austausch, was in der Hektik des Alltags kaum möglich ist. Die Leiterin bespricht die Themen und Ziele der Teamtage mit den Mitarbeiter*innen. Diese haben großes Interesse daran, die Bildungsprozesse der Kinder noch bewusster und professioneller zu gestalten, und versprechen sich wichtigen Input durch das Thema „Dialogisches Handeln". Mit der Referentin vereinbaren sie dazu folgendes Setting: Zwei Tage wird das Thema im Team aufbereitet. Danach erfolgt eine zweimonatige Phase, in der das dialogische Handeln mit den Kindern im Vordergrund steht und die Fachkräfte ihre Erfahrungen notieren. Diese werden an einem weiteren Teamtag unter Moderation der Referentin ausgewertet und reflektiert. ■

Zur Arbeit mit der Checkliste

Die aufgeführten Schlüsselkompetenzen beziehen sich auf die Inhalte dieses Heftes; sie können selbstverständlich ergänzt werden. Anhand der Liste kann der individuelle oder gemeinsame Bedarf ermittelt werden. Manche Schlüsselkompetenzen decken einen größeren Bereich ab (z. B. „Beratungskompetenz"). Daraus könnten sich spezielle Fortbildungsthemen herauskristallisieren (z. B. „Professionelle Gesprächsführung" oder „Beratungsgespräche mit Eltern").

CHECKLISTE ZUM PERSÖNLICHEN FORTBILDUNGSBEDARF

Thema	kein Bedarf	teilweise	hoher Bedarf
Erzieher*innen-persönlichkeit	☐	☐	☐
Responsivität	☐	☐	☐
Dialogisches Handeln	☐	☐	☐
Bereitschaft zur Partizipation	☐	☐	☐
Inklusion und Diversität	☐	☐	☐
Reflexion und Evaluation	☐	☐	☐
Beratungs-kompetenz	☐	☐	☐
Zusammenarbeit im Team/mit Eltern	☐	☐	☐
Beobachtung (differenzierte Wahrnehmung)	☐	☐	☐
Umgang mit Nähe und Distanz	☐	☐	☐
Pädagogische Qualität und ihre Umsetzung	☐	☐	☐
Strukturiertes und zielorientiertes Arbeiten	☐	☐	☐

Impressum

wissen kompakt: Schlüsselkompetenzen – wie pädagogische Arbeit gelingt ist ein Sonderheft von kindergarten heute – Das Fachmagazin für Frühpädagogik

Redaktion
Silke Dittmar (verantw.)
Tel. 0761/2717-209
E-Mail: dittmar@herder.de

Carolin Küstner
Tel. 0761/2717-331
E-Mail: kuestner@herder.de

Anschrift der Redaktion
Hermann-Herder-Str. 4
79104 Freiburg
Tel. 0761/2717-322
E-Mail: redaktion@kindergarten-heute.de
www.kindergarten-heute.de

Verlag
© Verlag Herder GmbH, Freiburg i. Br. 2021
Alle Rechte vorbehalten
www.herder.de

Bildnachweis
Titelfoto und Innenfotos: Hartmut W. Schmidt, Freiburg

Layout, Satz und digitale Bearbeitung
rsrdesign, Wiesbaden, www.rsrdesign.de

Druck
Medienhaus Plump GmbH, Rheinbreitbach

Leserservice
Verlag Herder GmbH
Hermann-Herder-Str. 4
79104 Freiburg
Tel. 0761/2717-379 oder 0761/2717-244
Fax: 0761/2717-249
E-Mail: kundenservice@herder.de

Gedruckt auf chlorfrei gebleichtem Papier

Printed in Germany

Titelnummer: 338
ISBN Print: 978-3-451-00338-7
ISBN E-Book (PDF): 978-3-451-82217-9